Yvonne Mehigan-Byrne

Wie die Resilienz von Pflegekindern gestärkt werden kann

Ansätze für eine veränderte Kinderrechtspraxis in der Kinder- und Jugendhilfe

Impressum:

Copyright © Social Plus 2021

Ein Imprint der GRIN Publishing GmbH, München

Druck und Bindung: Books on Demand GmbH, Norderstedt, Germany

Covergestaltung: GRIN Publishing GmbH

Abstract

Zusammenfassung:

Ausgehend von Folgendem, befasst sich die vorliegende Arbeit mit der Stärkung der Resilienz von Pflegekindern im Hilfeverlauf der Kinder- und Jugendhilfe:

1. Pflegekinder benötigen aufgrund ihrer Situation besondere Bewältigungskompetenzen.
2. Pflegekinder in Dauerpflegeverhältnissen befinden sich Hilfeprozessen der Pflegekinderdienste und sind an den Entscheidungen betreffend ihre Person zu beteiligen.

Basierend auf Longitudinalstudien in der Resilienz- und Pflegekinderforschung werden Potenziale herausgearbeitet, die in der Beteiligung von Kindern in Hilfeprozessen als Folge ihrer Subjektstellung liegen. Die Erkenntnisse zu der Bedeutung von Informierung der Prozessbeteiligten erschließen neue Herangehensweisen, die von praktischem Nutzen sind.

These: Die mangelnde Umsetzung des Rechts auf Beteiligung im Kinder- und Jugendhilfeprozess wirkt sich nachteilig auf die Entwicklung von Resilienz aus.

Keywords: Beteiligung, Partizipation, Resilienz, Pflegekind, Kinder- und Jugendhilfe

Inhaltsverzeichnis

1 Einleitung

Triebfeder der meisten in der Sozialen Arbeit Tätigen ist der Wunsch, andere darin zu unterstützen, dass sie ihr Leben als ein gelingendes Unterfangen empfinden, ein nach den eigenen Vorstellungen und Werten gelungenes. Doch was braucht es, sich den Herausforderungen, Aufgaben oder Hürden des Lebens gewachsen zu fühlen, womögliche Traumen oder Verletzungen einigermaßen unbeschadet zu überstehen, eventuell sogar gestärkt aus Krisen hervorzutreten? Es gibt diese Menschen, die sich offenbar nicht unterkriegen lassen, die Kämpfer, die ein unerschütterliches Selbstvertrauen erfüllt, welches sie, trotz ihres Lebensdramas zuversichtlich ihren Weg beschreiten lässt.

Die Kinderromanfigur Pippi Langstrumpf, Halbwaise, von ihrem Vater massiv vernachlässigt, stellt in überspitzter und verharmloster Form einen solchen Menschen dar. Sie ist Kindern der Inbegriff des starken Mädchens, das sich durch sein junges Leben boxt. Astrid Lindgren, die Erschafferin dieser Figur, stattete sie mit übermenschlichen Kräften aus, die Pippis unbeirrbare Überzeugung, ihre Geschicke selbst steuern zu können, verbildlichen. Ihr Trauma ist zugleich die Quelle ihrer Stärke: völlig allein auf sich gestellt sucht sie sich Verbündete, stellt sich selbst auf Augenhöhe mit den Erwachsenen und wird dadurch zu einem gleichberechtigten Interaktionspartner. Ihre Erfolge bestärken sie, ihre Freunde stehen ihr zur Seite. Sie ist Meister ihres Lebens. Liegt hier womöglich das Geheimnis ihrer Unverwundbarkeit? Ähnlich einer Karikatur, bewegt Lindgren den Leser durch den aufgezeigten Kontrast der Lebensverhältnisse ihrer Figur zur Realität, zum Nachdenken über die tatsächliche Situation von Kindern[1] in unserer Gesellschaft.

Wann und unter welchen Bedingungen wird es Kindern ermöglicht, sich an den Entscheidungen, die ihr Leben betreffen, zu beteiligen? Wann und bei welchen Gelegenheiten fühlen sie sich als Subjekt ihrer Lebenswelt? Stehen jene, die es sich zur beruflichen Aufgabe gemacht haben, sicherzustellen, dass es Kindern in unserer Gesellschaft „gut" geht, tatsächlich in der Form zur Verfügung, dass sie eine Ressource für das Kind und seine Entwicklung darstellen?

---

[1] Gemäß Art. 1 der UN-KRK ist ein Kind jeder Mensch, der das achtzehnte Lebensjahr noch nicht vollendet hat, soweit die Volljährigkeit nach dem auf das Kind anzuwendenden Recht nicht früher eintritt. Wenn im Folgenden von Kindern die Rede ist, sind daher Jugendliche immer mit gemeint.

Kinder als Adressat*innen der Sozialen Arbeit finden sich in unterschiedlichen Bereichen, z. B. in der offenen Jugendarbeit oder der Schule. Im Kontext von „Jugendamt" sind die Berührungspunkte zwischen Fachkräften und Kindern weniger direkt, da der Kontakt zumeist über die Eltern zustandekommt. „Beziehungen" entstehen dann erst, wenn Hilfen zur Erziehung eingeleitet wurden. Haltungen der Professionellen gegenüber den Klient*innen werden sichtbar, wenn Hilfepläne entwickelt, Entscheidungen getroffen und Prozesse begleitet werden. Die Bereitschaft in der Kinder- und Jugendhilfe, Kinder als Subjekt wahrzunehmen und sie folglich, (ganz selbstverständlich) anzuhören, wenn es um sie geht und ihre Meinung in alle fachlichen Überlegungen miteinzubeziehen, soll mit dieser Arbeit auf den Prüfstand gestellt werden. Untersucht werden zudem mögliche Zusammenhänge zwischen Beteiligungsmöglichkeiten und Bewältigungskompetenzen. Dieser Aspekt ist besonders für stark belastete Kinder von Bedeutung, deren Ressourcen begrenzt sind. Somit wird die These aufgestellt, dass sich die mangelhafte Umsetzung der Rechte auf Beteiligung von Pflegekindern an den Hilfeprozessen nachteilig auf ihre Resilienz auswirkt.

Im ersten Teil der Arbeit erfolgt eine allgemeine Betrachtung des Pflegekinderwesens in Deutschland und eine Überprüfung des Forschungsstandes auf diesem Gebiet. Daraufhin werden die rechtlichen Grundlagen zur Hilfeform der Vollzeitpflege erläutert. Anschließend wird die Kinderrechtspraxis in der Kinder- und Jugendhilfe auf Liebels (2017) Feststellung hin untersucht, dass sich die Kinderrechte, trotz Implementierung in der deutschen Gesetzgebung und den Handlungsanweisungen der Jugendämter, immer noch in einem vorrangig „protektionistischen, legalistischen" Rahmen bewegen. Dem Kind werde dadurch seine Subjektstellung versagt. Für die Hilfeprozesse im Pflegekinderwesen sind die Beteiligungsrechte von besonderer Relevanz sind. Aus diesem Grund werden vorrangig diese Kinderrechte im Fokus der Untersuchung stehen.

Es folgt eine genauere Betrachtung des Zusammenspiels der Akteure im Hilfeprozess, zu denen neben der Hauptperson, - dem Kind -, der Pflegekinderfachdienst, Herkunfts- und Pflegefamilie gehören. Mit der Übergabe des Kindes an die Pflegefamilie besteht der Schutzauftrag des Jugendamtes in aktiver Form weiter. Der Ausübung des Wächteramtes in diesem speziellen Bereich widmet sich der nächste Abschnitt. Das Pflegekind weist aufgrund seiner Biografie Besonderheiten auf, die es näher zu betrachten gilt. Es wird der Versuch unternommen, aus diesen Spezifika Indikationen für eine besondere Vulnerabilität des Pflegekindes abzuleiten. Das darauf folgende Kapitel wird sich mit Resilienz von Individuen im Allgemeinen und im Speziellen beschäftigen, wobei die Bedeutung der sozialen Ressourcen für die Entwicklung von Resilienz des Pflegekindes herausgestellt werden soll.

Gibt es Argumente die gegen eine Beteiligung von Kindern sprechen? Oder besteht ein Zusammenhang zwischen der kontinuierlichen Mitbestimmung des Kindes am Hilfeprozess und der Ausbildung einer Resilienz, die es dem Kind ermöglicht, seine Krisen (aus seiner Sicht) erfolgreich zu meistern? Der Erörterung dieser Fragen folgen Überlegungen zu sozialpädagogischen Strategien zur Resilienzförderung.

Ein Exkurs in das nordamerikanische Pflegekinderwesen erschließt neue Aspekte, die auf der Überlegung basieren, dass die Informiertheit des Kindes Voraussetzung für die Ausübung von Mitbestimmung ist. In Verknüpfung mit den Ergebnissen zur Resilienzförderung werden abschließend Ansätze für die deutsche Praxis diskutiert.

2 Das Pflegekinderwesen

Als Pflegekinder werden Kinder oder Jugendliche bezeichnet, die vorübergehend oder auf Dauer nicht mehr in ihrer Herkunftsfamilie leben können. Dies kann zum einen durch den vorübergehenden Ausfall der Eltern in Folge von akuter Krankheit, Krisen durch Arbeitslosigkeit, Trennung oder Scheidung begründet sein. Aber auch hoch belastete, instabile Familiensituationen (z. B. Alkohol- oder Drogenabhängigkeit und psychische Erkrankung der Eltern, Vernachlässigung, Misshandlung, etc.) können dazu führen, dass Kinder aus ihren Familien genommen werden müssen, um sie vor negativen Konsequenzen für ihr Wohl zu schützen (vgl. Stadt Mainz - PKD 2014).

Die Herausnahme eines Kindes aus seiner Familie wird dann unumgänglich, wenn sämtliche Unterstützungsangebote des Jugendamtes ausgeschöpft sind, die die Familie befähigen sollten, das Kind wieder allein zu versorgen. Besteht für den jungen Menschen keine Möglichkeit, in seinem familiären oder sozialen Umfeld aufgefangen zu werden, kommt je nach Alter und psychischer Verfassung des Kindes die Aufnahme in eine geeignete Pflegefamilie zur Bewältigung der Situation in Frage (vgl. ebd.). Die Hilfe zur Erziehung in Form der Vollzeitpflege (§ 33 SGB VIII)

> „soll entsprechend dem Alter und Entwicklungsstand des Kindes oder des Jugendlichen und seinen persönlichen Bindungen sowie den Möglichkeiten der Verbesserung der Erziehungsbedingungen in der Herkunftsfamilie Kindern und Jugendlichen in einer anderen Familie eine zeitlich befristete Erziehungshilfe oder eine auf Dauer angelegte Lebensform bieten".

Der Paragraph lässt somit einerseits Spielraum für Pflegeverhältnisse, die Kindern helfen, sich aus zerstörerischen und nicht reparablen Beziehungen zu lösen, andererseits aber auch für solche, die auf einer für Pflegeeltern, Pflegekind und leibliche Angehörige befriedigenden wechselseitigen Akzeptanz beruhen (vgl. Gintzel 1996: 58). Im ersten Fall fungiert eine Pflegefamilie dann eher als Ersatz-, im letzteren als Ergänzungsfamilie.

Ein Blick auf die Entwicklung des Pflegekinderwesens in Deutschland zeigt, dass die Kritik an der traditionellen Erziehungshilfe in Form von Anstalts- und Heimerziehung zu einer Aufwertung und einem Ausbau des Ersatzfamilienkonzepts geführt hat. Parallel zu dem Ausbau familienunterstützender Hilfen im Vorfeld von Inobhutnahmen, bzw. Inpflegenahmen, die Ausdruck des Bestrebens sind, Kindern und Jugendlichen förderliche Entwicklungsbedingungen in ihren Herkunftsmilieus zu sichern, erfolgte ab 1968 eine Trendwende in Hinblick auf die Fremdplatzierungspraxis in den Jugendämtern. Zu dieser Zeit lebten noch zwei Drittel aller Kinder und Jugendlichen, die im Rahmen der Jugendhilfe fremduntergebracht waren, in Heimen. Bis zum Jahr 1978 verschob sich der Anteil der in Pflegefamilien untergebrachten Kindern und Jugendlichen auf drei von fünf im Vergleich zur Heimunterbringung. Nach der Wiedervereinigung verzeichnete die Jugendhilfestatistik wieder einen Trend zur Unterbringung in stationären Einrichtungen. Dies wird zum Teil auf die damals noch vorherrschende Dominanz der Heimerziehung in den neuen Bundesländern zurückgeführt (vgl. ebd.).

Helming et al. (2010) stellen in der Einleitung des Handbuchs „Pflegekinderhilfe in Deutschland" heraus, dass die Pflegekinderhilfe in Deutschland lange vernachlässigt wurde. Dennoch wurde aufgrund der zuvor beschriebenen Veränderungen der kommunalen Praxis, der rechtlichen Grundlagen sowie neuer empirischer Befunde, die Notwendigkeit einer Qualifizierung und Weiterentwicklung des Pflegekinderwesens erkannt.

Vor dem Hintergrund angespannter öffentlicher Haushalte, wurde die stationäre Unterbringung von Kindern und Jugendlichen reformiert und familienorientierte ambulante und teilstationäre Hilfen ausgebaut. Es zeigte sich jedoch, dass letztere oftmals nicht ausreichten und eine Fremdunterbringung der betroffenen Kinder oder Jugendlichen unumgänglich wurde. Zu dieser Zeit gewannen familiäre Betreuungsformen als wirtschaftlich günstigere Alternative zur Unterbringung in einem Heim in Deutschland an Bedeutung (vgl. ebd.: 15).

Mit dem Inkrafttreten des Achten Sozialgesetzbuches (SGB VIII), dem Kinder- und Jugendhilfegesetz, am 1. Januar 1991, veränderte sich der Duktus des „Pflegekinderwesens" in den Jugendämtern grundlegend. Die ursprünglich vornehmliche Aufgabe der Pflegekinderaufsicht wandelte sich zu einer auf Kooperation ausgelegten Beratung und Begleitung von Pflegepersonen und Pflegekindern sowie deren Herkunftsfamilien (vgl. Landkreis Limburg-Weilburg 2014).

Die Anforderungen an Pflegefamilien sind im Laufe der Zeit deutlich gestiegen, da die Bedürfnisse von Pflegekindern komplexer und vielfältiger geworden sind. Mittlerweile liegt der Kontakterhalt zur Herkunftsfamilie verstärkt im Interesse der Betroffenen und der Pflegekinderhilfe. Dieses spiegelt sich in den bundesrechtlichen Vorgaben aus dem BGB und SGB VIII wieder, die handlungsleitende Konzeptionen auf Landes- und kommunaler Ebene bereithalten. Die Umsetzung erfolgt in den einzelnen Jugendämtern jedoch sehr unterschiedlich, so dass keine einheitlichen Qualitätsstandards in der Pflegekinderarbeit herrschen. Dies zeigt sich insbesondere hinsichtlich der Umgangskontakte und Rückführungen, der Auswahl und Einschätzung der Eignung von Pflegepersonen, ihrer Vorbereitung auf die Pflegetätigkeit und Begleitung. Ferner zeigen sich signifikante Unterschiede hinsichtlich der Art und des Umfangs der Beteiligung von Kindern und Jugendlichen an Hilfeprozessen sowie der Beziehungsgestaltung zu den Kindern und Jugendlichen von Seiten der zuständigen Fachkräfte (vgl. Helming et al. 2010: 15 f.).

Im Fokus dieser Arbeit stehen jungen Menschen, die sich in auf Dauer angelegter Vollzeitpflege gemäß § 33 SGB VIII befinden. Hierzu sind folgende Fakten zu bemerken: Die Pflegekinderhilfe ist mit durchschnittlich 41 Monaten die am längsten dauernde erzieherische Hilfeform. Im Jahr 2017 wurden 74.969 Kinder und Jugendliche in Vollzeitpflege gezählt (Statistisches Bundesamt 2018). Mit 25 % ist der Anteil der Pflegekinder, die aufgrund von Gefahr für das Kindeswohl in diese Form der Pflege aufgenommen werden, am größten (vgl. van Santen 2017: 111).

2.1 Stand der Forschung

Untersuchungen zum Pflegekinderwesen nahmen ihre Anfänge in den 1970er Jahren. Junker et al. (1978) forschten in Hinblick auf soziale und psychologische Aspekte und nahmen die Beziehung des Pflegekindes zu seiner Pflegefamilie sowie deren besondere Situation in den Blick. Sie interessierten sich jedoch auch damals bereits für die Strukturen des Pflegekinderwesens. Ihre Ergebnisse fassten sie in dem Bericht „Pflegekinder in der Bundesrepublik Deutschland" zusammen. Dieser stellte, als Konsequenz auf erkannte Mängel und Missstände, Empfehlungen an die Pflegekinderdienste sowie rechtliche Änderungsvorschläge bereit, die noch heute wichtige Bestandteile der heutigen Pflegekinderhilfe sind (vgl. Reimer 2017: 26 f.).

Eine regelmäßige Erwähnung der zentralen Akteure der Pflegekinderhilfe, nämlich der Pflegekinder, ist erst in den jüngeren Forschungsbestrebungen festzustellen. Vor allem ihre Perspektive wurde über lange Zeit außer Acht gelassen. Reimer sieht es als symptomatisch, „dass in vielen Studien über Pflegekinder geredet wird, aber selten mit ihnen". Sie beruft sich auf Studien von Heun (1984) und Kötter und Cierpka (1997), die auf Befragungen von Erwachsenen zum Erleben von Pflegekindern basieren.

Die Umsetzung von Mitbestimmung in der heimstationären Unterbringung ist aufgrund der professionellen Unterstützung durch Fachkräfte leichter umzusetzen, als in Pflegefamilien. PIB Pflegekinder in Bremen gGmbH, Familien für Kinder gGmbH Berlin und das Kompetenzzentrum Pflegekinder e.V. kündigten im Juni 2018 ein gemeinsames praktisches Forschungsprojekt an. Mit **ICH MISCHE MIT!** soll speziell Kindern und Jugendlichen, die in Pflegefamilien leben, ein Erprobungsraum für Partizipation geboten werden. Gemeinsam mit ihren Pflegefamilien werden sie sich unter Leitung erfahrener Sozialpädagog*innen, Künstler*innen und methodischer Expert*innen in spielerischen Workshops über Fragen austauschen, die Themen folgender Art behandeln:

> „Welche Rechte haben Kinder? Wo können sie sich an Entscheidungen ihr Leben betreffend beteiligen – und in welcher Form? Wo muss Mitsprache beginnen können – und wo stößt Mitbestimmung an ihre Grenzen? Was für Vereinbarungen können innerhalb des „kleinen Systems" Familie getroffen werden, die auch Kompetenzen für die weichenstellenden Hilfeplangespräche sowie für die „große Vereinbarung" gesellschaftliche Teilhabe vermitteln?" (Kompetenzzentrum Pflegekinder - Service für Fachdienste 2018).

Die Initiatoren des Projekts betonen, dass selbstbewusste Mitbestimmung ein wichtiger Baustein in der von der Jugendhilfe begleiteten Vita von Pflegekindern ist. Die zitierten Fragestellungen machen jedoch deutlich, dass die Grenzen der Mitwirkung noch auszuhandeln sind. Eine einheitliche Vorstellung von den Rechten der Kinder scheint noch nicht zu existieren. Es kann vermutet werden, dass sich das Nachdenken und der Austausch über Kinderrechte förderlich auf die Anerkennung dieser auswirken wird. Ferner liegt die Annahme nahe, dass die Kinder und Jugendlichen allein durch die Benennung ihrer Rechte eine Stärkung ihres Status erleben.

2008 überprüfte Daniela Reimer die Forschungslandschaft zum Thema Pflegefamilie und machte eine Konzentration auf bindungstheoretische Fragestellungen aus. Sie sprach diesen ihre Relevanz nicht ab, hielt sie jedoch zu dieser Zeit bereits als ausreichend erforscht. Sie forderte Untersuchungen, die das Erleben der Pflegekinder aus eigener Perspektive in den Fokus nehmen, - wie sie Ortswechsel und Übergänge erleben, welche Bedeutung anderen Personen im Netzwerk der jungen Menschen zukommt. Diese könnten, so ihre Anregung, in Form von Langzeitstudien über die Sozialisationsprozesse von Pflegekindern mit dem Schwerpunkt auf ihre Sichtweise geleistet werden (vgl. Reimer 2008). Beinahe zehn Jahre später war es soweit, dass Reimer ihre eigene Longitudinalstudie zu dem Thema präsentieren konnte: „Wie gut entwickeln sich Pflegekinder?" (Reimer/Petri 2017).

Pflegekinder, die bereits zwischen den Jahren 2007 und 2011 für Interviews zur Verfügung gestanden hatten, wurden als junge Erwachsene erneut zu ihren Erfahrungen befragt. Zum Thema Beteiligung am Hilfeprozess fanden sich keine Aussagen in der Studie. Dem Pflegekinderdienst wurde insbesondere als unterstützende Instanz bei der Auseinandersetzung des Pflegekindes mit der eigenen Herkunft eine Bedeutung zugemessen, da Pflegeeltern diese Themen oftmals nicht selbst mit dem Pflegekind besprechen können. Immerhin kamen Reimer und Petri zu dem Schluss, dass die Aufgabe als Vermittlungsinstanz voraussetzt, dass es der Fachkraft des Pflegekinderdienstes gelingt, ein Vertrauensverhältnis zu dem jungen Menschen aufzubauen. „Damit sich ein solches entwickeln kann, müssen Pflegeeltern akzeptieren, dass ihr Pflegekind Einzelkontakte zu der Fachkraft hat und diese nach Bedarf in Anspruch nimmt" (ebd.: 66).

Diese Arbeit widmet sich den Resilienz fördernden und behindernden Faktoren im Hilfeprozess der Vollzeitpflege. Aus diesem Grund darf hier ein kurzer Blick auf den Stand der Forschung in diesem Feld nicht fehlen. Das vormals vorrangige Hauptaugenmerk der Gesundheitswissenschaften, der Psychologie und der Pädagogik auf die Ursachen und Bedingungen für die Entstehung psychischer Störungen und Verhaltensauffälligkeiten veränderte sich seit den 1990er Jahren in der Form, dass Faktoren, denen ein gesundheitsfördernder bzw. -mindernder Einfluss zugestanden wurde, in den Fokus der Forschung gerieten. Mit der ersten deutschen Resilienzstudie untersuchte die Bielefelder Invulnerabilitätstudie explizit die seelische Widerstandskraft von Kindern, deren Entwicklung aufgrund ihrer Fremdplatzierung in stationären Einrichtungen der Jugendhilfe einem besonderen Risiko ausgesetzt war (Lösel/Bender 2008: 58). Das besondere Interesse galt hierbei der Ermittlung von Schutzfaktoren, die zu einer resilienten Entwicklung außerhalb der eigenen Familie beizutragen vermögen. Auch wenn Kinder in Langzeitpflegeverhältnissen in familienähnlichen Verhältnissen aufwachsen, kann dennoch behauptet werden, dass ihre Aufwachsbedingungen durch womögliche traumatisierende Vorerfahrungen, Trennung von ihren primären Bindungspersonen, andere Beziehungsabbrüche und weitere erschwerende Herausforderungen im Alltag derart beeinträchtigt sind, dass Parallelen zu Heimkindern angenommen werden können.

2.2 Rechtliche Grundlagen

Die Arbeit der Pflegekinderdienste basiert rechtlich zunächst auf Artikel 6 des Grundgesetzes, wonach die Familie (inklusive ihrer Kinder) von staatlicher Seite zu schützen sei. Darüber hinaus hat das Jugendamt sein Handeln am Übereinkommen über die Rechte des Kindes zu orientieren.

So heißt es in **Artikel 3 der Kinderrechtskonvention (CRC):**

> „(1) Bei allen Maßnahmen, die Kinder betreffen, gleichviel ob sie von öffentlichen oder privaten Einrichtungen der sozialen Fürsorge, Gerichten, Verwaltungsbehörden oder Gesetzgebungsorganen getroffen werden, ist das Wohl des Kindes ein Gesichtspunkt, der vorrangig zu berücksichtigen ist."

Trotz zahlreicher Annäherungen an eine Definition, gilt der Begriff „Kindeswohl" nach wie vor als unbestimmter Rechtsbegriff, der unter verschiedenen Kriterien immer am Einzelfall gemessen werden muss (vgl. Alle 2010: 13). Berücksichtigt werden dabei die Bedürfnisse der Kinder bspw. nach der Bedürfnispyramide nach Schmidtchen (1989: 106 ff.).

In der Vollzeitpflege bedarf es Regelungen für die Beziehungen zwischen Eltern, Pflegeeltern, Kind und Jugendamt. Diese finden sich sowohl im BGB als auch im achten Sozialgesetzbuch, welches die Formen der Vollzeitpflege (§ 33 SGB VIII) beschreibt.

Das BGB regelt vor allem die sorge- und umgangsrechtlichen Verhältnisse zwischen Eltern, Pflegeeltern und Kind, die Regelung der örtlichen Zuständigkeit und des Datenschutzes (vgl. Küfner/Schönecker 2010: 49). Neben der möglichen Inanspruchnahme auf freiwilliger Basis, kann die Vollzeitpflege im Fortgang eines familiengerichtlichen Entzugs der elterlichen Sorge von Vormund oder Ergänzungspfleger*in herangezogen werden. Eine Unterbringung nach § 33 SGB VIII, in Folge einer Inobhutnahme (§ 42 SGB VIII) als Krisenintervention, ist ebenfalls möglich. „Vollzeitpflege kann als Kurzzeit-, Langzeit- oder Dauerpflege, als Verwandten- oder Fremdpflege, als Bereitschaftspflege, in sozial-, sonder- und heilpädagogischen Pflegestellen oder auch in Erziehungsstellen gewährt werden". Der Begriff der Vollzeitpflege findet also nicht nur für die Hilfe zur Erziehung nach §§ 27, 33 SGB VIII Verwendung, sondern betrifft „alle Unterbringungen in einem familiären Setting über Tag und Nacht" (ebd.).

Bei Kindern, deren seelische Gesundheit voraussichtlich mehr als sechs Monate „von dem für ihr Lebensalter typischen Zustand abweicht", spricht der Gesetzgeber von einer drohenden „seelischen Behinderung". Betrifft dies laut Gutachten eines Facharztes ein Pflegekind, wird die Vollzeitpflege um Eingliederungshilfe nach § 35a SGB III ergänzt. Hierbei ist zu betonen, dass im Gegensatz zur Hilfe zur Erziehung, das Kind und nicht die Sorgeberechtigen anspruchsberechtigt sind.

Die wichtigste Rechtsbeziehung zwischen Eltern und Kindern, nämlich die elterliche Sorge, ist in den §§ 1626 ff. BGB detailliert dargelegt. Besondere Relevanz für die Vollzeitpflege nach § 33 SGB VIII liegt im Kernbereich der Personensorge (§§ 1631 ff. BGB). Für die Fälle, in denen die Ausübung der elterlichen Sorge durch einen Elternteil dem Kindeswohl zuwider läuft, kann der Elternteil hierhingehend in der Ausübung entsprechend der §§ 1666 ff. BGB begrenzt werden (vgl. Kokott-Weidenfeld/Reidel 2013: 39).

Mit der Reform des Kindschaftsrechts (1998) im Bürgerlichen Gesetzbuch wurde ein Umdenken in Bezug auf das Umgangsrecht von Kind und Eltern eingeläutet, welches ebenfalls zum Themenkomplex der elterlichen Sorge gehört (vgl. Helming et al. 2010: 16). Mit §§ 1684 ff. BGB verfolgt der Gesetzgeber insbesondere den Rechtsanspruch des Kindes auf Umgang zu seinen Eltern und anderen Personen, mit denen es in enger sozial-familiärer Beziehung steht. Die Eltern sind in der Umkehr berechtigt, aber auch verpflichtet, diesen Umgangsanspruch zu erfüllen (vgl. Kokott-Weidenfeld/Reidel 2013: 139). Pflegekinderverhältnisse werden von dieser Rechtsnorm demnach auch tangiert. So erstreiten sich Herkunftseltern vermehrt das Recht auf Kontakte zu ihrem fremdplatzierten Kind. Das Ermöglichen und die Gestaltung von Kontakten zur Herkunftsfamilie bietet nach wie vor Konfliktpotential, während dies bei Kindern, die in stationären Einrichtungen der Erziehungshilfe untergebracht sind, inzwischen selbstverständlicher Bestandteil der Hilfeplanung ist (vgl. Helming et al. 2010: 16).

Mit der Ablösung des Gesetzes für Jugendwohlfahrt (JWG) durch das Kinder- und Jugendhilfegesetz (KJHG, SGB VIII) im Jahr 1990, änderte sich die Praxis hinsichtlich der Ausgestaltung der Hilfeprozesse. Die ehemals „obrigkeitsstaatlichen Erlaubnis- und Aufsichtsverfahren" mit Kontrollauftrag in der Hauptsache, wandelten sich zu einem „kooperativen Beratungs- und Unterstützungsverhältnis" (§§ 36, 37 SGB VIII) (vgl. Helming et al. 2010: 8). Mit dem Instrument der Hilfeplanung (§ 36 SGB VIII) erhielt der Hilfeprozess eine andere Qualität, da nunmehr ein beteiligungsorientierter Verfahrensweg festgeschrieben wurde, der die Personensorgeberechtigten und den jungen Menschen fortan in die Entscheidung der

Inanspruchnahme einer Hilfe miteinzubinden hatte (vgl. ebd.). Das § 36 SGB VIII zu Grunde liegende Recht auf Beteiligung von Kindern und Jugendlichen ergibt sich aus § 8 SGB VIII:

> „(1) Kinder und Jugendliche sind entsprechend ihrem Entwicklungsstand an allen sie betreffenden Entscheidungen der öffentlichen Jugendhilfe zu beteiligen. Sie sind in geeigneter Weise auf ihre Rechte im Verwaltungsverfahren sowie im Verfahren vor dem Familiengericht und dem Verwaltungsgericht hinzuweisen."

Das im Jahr 2012 in Kraft getretene Bundeskinderschutzgesetz zur Stärkung eines aktiven Schutzes von Kindern und Jugendlichen brachte u. a. eine Erweiterung des § 8 SGB VIII mit sich. Diese ergänzte das bereits bestehende Beteiligungsrecht um das Recht auf Beschwerde, welches sich allerdings nur auf junge Menschen in stationären Einrichtungen bezieht (§ 8b Abs. 2 S. 2). „Beschwerdestellen und Ombudsmänner/-frauen kennt das Gesetz (SGB VIII) nicht" (Schruth 2012: 82).

2.3 Kinderrechtspraxis

„Das von der Generalversammlung der Vereinten Nationen am 20. November 1989 verabschiedete und mittlerweile von 196 Staaten ratifizierte Übereinkommen über die Rechte des Kindes ist weiterhin Gegenstand rechtlicher und moralischer Auseinandersetzungen" (Krappmann 2013). Als komplexes Gebäude der Kinderrechte formuliert die Kinderrechtskonvention[2] allgemeinste Anforderungen der Gerechtigkeit in der Haltung gegenüber Kindern, bis hin zu Individualansprüchen gegenüber dem Staat. Im Folgenden soll jedoch die grundlegende Anerkennung des Kindes als Träger eigener Rechte durch die CRC im Fokus stehen, welche dessen Subjektstellung und damit seine Menschenwürde über alles stellt. Daher gilt es zu erarbeiten, welcher Haltung und welchen Handelns es bedarf, um das Kind als Subjekt anzuerkennen.

Bereits vor der Ratifizierung der UN-Kinderrechtskonvention war es engagierten Menschen ein Anliegen, sich über die Rechte von Kindern Gedanken zu machen. So setzte sich Janusz Korczak unter dem Eindruck seiner Erfahrungen mit den ihm anvertrauten Waisen im Waisenhaus Dom Sierot pädagogisch mit Fragen auseinander, die sich kritisch mit der allgemeinen Haltung, dass der Status des Kindes in Opposition zum Status des Menschen stünde, befassten. Er sah hier die Verbindung

---

[2] Synonym für das Übereinkommen über die Rechte des Kindes (Convention on the Rights of the Child, CRC)

zu Machtinteressen von Erwachsenen. Nach seiner Vorstellung gebe es keine Kinder, nur Menschen. So schrieb er bereits 1899: „Kinder werden nicht erst Menschen, sie sind es bereits" (Korczak1967/2018).

So war Korczak quasi ein Vordenker der verschiedenen, kontrovers diskutierten Konzepte von Paternalismus gegenüber Kindern. Der heutige Diskurs um Menschenrechte von Kindern in Verbindung mit der daran orientierten Praxis, wirft die Frage auf, ob paternalistische Denkströmungen mit den Kinderrechten vereinbar sind. Was ist mit Paternalismus gemeint? Der Begriff wird vornehmlich in der Moral- und Rechtsphilosophie diskutiert, wobei es um hierarchische Beziehungsmuster geht, die den „unterlegenen" Akteur in seiner Freiheit oder Autonomie einschränken (vgl. Liebel 2017: 384). Für den Paternalismus dient die Eltern-Kind-Konstellation (bzw. dem Wortursprung nach, die Vater-Kind-Konstellation) als Modell, wonach „die durch Einsicht und Erfahrung überlegenen Eltern, Sorge für das Wohl und die Entwicklung ihrer noch unmündigen Kinder, und zwar im Ernstfall auch ohne Rücksicht auf deren eigene Wünsche", tragen (Grunert 2006). In Abgrenzung zum Begriff Adultismus, der den Machtmissbrauch gegenüber Kindern und Jugendlichen bzw. die Diskriminierung Minderjähriger durch Erwachsene bezeichnet (Dudenredaktion o. J.a) wird Paternalismus gegenüber Kindern zumeist damit gerechtfertigt, dass er dem Wohl der Kinder dient oder in ihrem Interesse geschieht.

In der Geschichte der Kinderrechte lassen sich nach Liebel (2017) zwei Strömungen erkennen, wobei es in der einen Denkweise um den Schutz der Kinder vor Gefahren und Risiken geht. Zwar ist von Kinderrechten die Rede, sie werden jedoch nicht als deren subjektive Rechte verstanden, sondern vielmehr als ihr Anspruch auf Sorge für ihr Wohl durch sich dazu verpflichtende Erwachsene bzw. Staaten (vgl. ebd.: 388). Das davon abweichende Paradigma versteht die Kinderrechte als subjektive Rechte und strebt eine aktive Mitwirkung der Kinder in der Gesellschaft an. Liebel (2017: 387) vertritt die Auffassung, dass im Verhältnis von Erwachsen und Kindern dann von Paternalismus gesprochen werden sollte, „wenn Erwachsene gegen den geäußerten oder anzunehmenden Willen des Kindes in dessen Leben eingreifen [...]."

In Bezug auf Pflegekinder könnte dies ggfs. zutreffen, wenn diese ihre eigene Not nicht selbst erkennen können und die Bindung zu den Eltern stärker ist, als das Gefühl für die Gefahr in der sie sich möglicherweise befinden. Die Vorstellungen über die Interessen der Kinder beschäftigen Teams in Jugendämtern, stationären Einrichtungen und Familiengerichten. Die Frage ist, wie lassen sich diese am besten eruieren. Neben den Maßstäben zur Überprüfung der Verfügbarkeit von Grundvoraussetzungen für die Bedürfnisbefriedigung der Kinder und die Förderung ihrer Entwicklung, bleibt ein weites Spektrum an Interpretationsmöglichkeiten, was denn nun das Beste für das Kind ist. Der Soziologe Lothar Krappmann (2013: 7 f.) befasste sich mit der Frage, ob Kinder zur Bestimmung des Kindeswohls beitragen könnten, welches, wie zuvor bereits ausgeführt, bis heute nicht eindeutig definiert ist. Er weist darauf hin, dass der Grundgedanke der Kinderrechtskonvention in der originalsprachlichen Beschreibung von „Kindeswohl", als „best interests of the child" sichtbar wird, nämlich:

> „Das Kind ist ein Subjekt, das seine eigenen Meinungen und Handlungsziele hat"
> (ebd.).

In der Formulierung sei die Aufforderung zu erkennen, dass die Klärung, was zum Wohl des Kindes ist, bzw. worauf das Kind ein Recht hat, aus der Sicht des Kindes und unter Einbeziehung seiner Person zu geschehen habe.

Mit der Frage, wie der Kindeswohlbegriff sinnvoll mit den Rechten der Kinder verbunden werden kann, beschäftigt sich auch der Philosoph Schickardt (2012), der mit seiner Arbeit Grundlagen für eine rechtebasierte Kinderethik formuliert. Gerade bei unmündigen Kindern sei der Kindeswohlbegriff von herausragender Relevanz, da es ethisch und praktisch besonders wichtig sei, „diesen Kindern Rechte zuzusprechen, mit denen ihre wichtigsten Interessen normativ und effektiv geschützt werden" (vgl. ebd.).

Da sich seiner Auffassung nach die inhaltliche Bestimmung des Kindesinteresses nicht allein an Rechtsnormen orientieren darf, ist es erforderlich die Rechte von Kindern auf eine Ebene mit denen Volljähriger zu stellen. Eingriffe der Erwachsenen in das Leben eines Kindes, deren Rechtfertigung von dieser Haltung geprägt sind, nennt der Autor „weichen" Paternalismus. Im Gegensatz dazu steht der „harte" Paternalismus, der ein zwar gutgemeintes, jedoch willkürliches Handeln meint.

Es herrscht Einigkeit darüber, dass junge Menschen immer zu einem gewissen Grad auf den Schutz durch Erwachsene angewiesen sind und diese, aufgrund bestimmter Erfordernisse, Entscheidungen an ihrer Stelle treffen, ohne sie miteinzubinden, z. B. wenn Gefahr in Verzug ist und ein sofortiges Eingreifen erforderlich wird. Eine von Liebel geforderte antipaternalistische Praxis rechtfertigt ihr Handeln nicht einzig mit der Tatsache, dass es sich um ein Kind handelt. Vielmehr zeichnet diese sich dadurch aus, dass sie das vermeintlich schwächere Kind darin unterstützt, „die aus dem Klein- oder Schwachsein in der gegebenen Gesellschaft sich ergebenden Nachteile zu kompensieren" (Liebel 2017: 393). Konflikthafte Situationen, bei denen es um Kinderinteressen geht, könnten „im Sinne geteilter Verantwortung" (ebd.), das Kind miteinbeziehend, bewältigt werden. Situationen mit Konfliktpotential stellen solche Lebenslagen dar, in denen Kinder von Inpflegenahme betroffen sind.

In Artikel 12 Absatz 1 der UN-Kinderrechtskonvention verpflichten sich die Vertragsstaaten, dem Kind das Recht auf freie Meinungsäußerung „in allen das Kind berührenden Angelegenheiten" zuzusichern, vorausgesetzt, es ist in der Lage, sich seine eigene Meinung zu bilden. Diese Meinung ist „angemessen und entsprechend seinem Alter und seiner Reife zu berücksichtigen".

Betroffene Kinder anzuhören und ihre Wünsche insofern ernst zu nehmen, dass sie in Entscheidungen mit einfließen, trifft laut Landsdown (2005: 17) gleichsam auf Kritiker, die befürchten, dass Kinder dadurch z. B. respektlos würden. Sie kontert, dass das Gegenteil der Fall sei, wenn Kindern Gehör geschenkt wird, da sie gleichsam lernen, dass diese Prozesse auf Gegenseitigkeit beruhen:

> „[…], learning that they will have their views taken seriously necessitates taking on board the lesson that other people's views must also be listened to and respected. In this way, children are given the opportunity to understand the reciprocal and mutual responsibilities that arise with rights".

Artikel 12 sei nicht so zu verstehen, dass Kindern die Entscheidungsverantwortung zu übertragen sei, sondern es vielmehr um demokratische Aushandlungsprozesse ginge (vgl. ebd.).

Die Frage, die sich zudem aufdrängt, - was brauchen Kinder, um sich auf Augenhöhe beteiligen zu können? Ist nicht Information Voraussetzung für die Befähigung zur Teilnahme an Entscheidungsprozessen? Die repräsentative Bottom-up-Studie „Berufliche Realität im ASD (2018), ergab, dass von allen Befragten nur eine Interviewpartnerin bestätigte, dass Kinder über das Recht auf Beteiligung und Beschwerde auch innerhalb der Einrichtung informiert werden (vgl. Beckmann et al. 2018: 104). Auch wenn sich dieses Beispiel nicht auf Pflegefamilien bezieht, liegt die Vermutung nahe, dass Kinder bezüglich ihrer Optionen auch in diesem Zusammenhang nur unzureichend aufgeklärt werden.

Das Ergebnis einer (von der Verfasserin dieser Arbeit selbst) bundesweit durchge-führten stichprobenartigen Email-Befragung[3] bei 31 Jugendämtern ergab fünf Re-aktionen mit Antworten zu zwei Fragen, wovon sich eine Frage auf die Informie-rung der Pflegekinder bezog. Es findet in den folgenden Zitaten eine Beschränkung auf die erkenntnisleitenden Antworten statt, deren Interpretation hermeneutisch[4] hergeleitet ist.

> Frage 1: In welcher Form werden Pflegekinder durch Ihren Fachdienst zu Beginn der Hilfe über die neue Situation, ihre Rechte, Perspektiven etc. aufgeklärt (mündlich durch Fachkraft, Dritte, Pflegeeltern oder schriftlich durch Broschüre o. ä.)?

Zwei kontrastierende Antworten veranschaulichen, wie sehr die Auffassung über Kinderrechte variieren kann:

> „Der Kreis [...] bringt überwiegend Kinder unter, denen die Situation erklärt wird, aber keine Rechtsbelehrung".

und

> „Die Pflegekinder werden, bevor sie in die Pflegefamilien kommen, durch die Fach-kraft des Pflegekinderdienstes kindgerecht im persönlichen Gespräch über die neue Situation und ihre Perspektiven, aber auch über ihre Rechte aufgeklärt".

Bei dem ersten Beispiel scheint eine legalistische Idee von „Rechten" vorzuherr-schen. Die Formulierungen („Belehrung", „erklären") lassen eine paternalistische Haltung der Fachkraft vermuten.

Die Wortwahl der zweiten Antwort („kindgerecht", „persönlich", „aufklären"[5]) lässt auf eine Subjektstellung des Kindes schließen.

In der Sozialen Arbeit ist der Grundsatz mittlerweile unbestritten, dass die Adres-sat*innen an den sie betreffenden Entscheidungen zu beteiligen sind. Die Begrün-dung liegt sowohl ganz prinzipiell in einer am Subjekt, seiner Lebenswelt und sei-nem Eigensinn orientierten Haltung der Professionellen, als auch im eher techno-logischen Sinn, nämlich in der höheren Wirksamkeit der Interventionen. Dieser An-spruch gilt fraglos auch für Kinder, die zu Klient*innen Sozialer Arbeit geworden

---

3   Datum der Befragung: 01. Dezember 2018

4   „Die Hermeneutik als Interpretations- und Deutungskunst verfolgt methodisch einen qualita-tiven Ansatz mit dem Ziel eines besseren Verstehens" Aeppli et al. (2016).

5   Im Sinne von „Klarheit in etwas Ungeklärtes bringen", „jemandes [...] ungenügende Kenntnis über etwas [...] beseitigen" Dudenredaktion (o. J.b)..

sind (vgl. Reimer/Wolf 2010: 479). Da dies jedoch abhängig vom Entwicklungsstand gemacht wird und in der Gesetzgebung bislang keine Altersgrenzen oder Maßstäbe für die Einschätzung des Reifegrades vorgegeben sind, hat jede Fachkraft im Hilfeverfahren selbst eine Beurteilung vorzunehmen, welches Maß der Beteiligung des Kindes altersgemäß ist (vgl. Beckmann et al. 2018: 110).

Die Einschätzung des Entwicklungsstandes des Kindes kann nur über das persönliche Gespräch oder die Beobachtung des Kindes in Interaktion erfolgen. Die genannte Befragung der Allgemeinen Sozialen Dienste ergab jedoch, dass die Beteiligung jüngerer Kinder im pädagogischen Alltag manchmal unterbleibt, was zum Teil auf eine hohe Arbeitsbelastung zurückgeführt wird. Dies deckt sich mit den Ergebnissen der Forschungsgruppe Pflegekinder der Universität Siegen aus ihrem „Leuchtturmprojekt PflegeKinderDienst" (LVR-Landesjugendamt 2011). Auf der Grundlage des erhobenen Interviewmaterials ehemaliger Pflegekinder, waren die Forscher in der Lage, eine praxisorientierte Arbeitshilfe zur Vollzeitpflege zu erarbeiten. Im Erleben der Interviewpartner*innen ließ sich ein deutlicher Unterschied zwischen einer tatsächlichen Beteiligung und einer „Scheinbeteiligung" ausmachen. So entstand häufig der Eindruck, „dass Partizipation lediglich als ein formalisierter Prozess missverstanden wird" (ebd.: 16). Wenn die interviewten Kinder und Jugendlichen jedoch an den für ihr Leben schwerwiegenden Entscheidungen beteiligt und ihre Ängste und Wünsche von einem kompetenten, vertrauensvollem Erwachsenen gehört wurden, der sie dazu über die Gründe und Folgen der Geschehnisse aufklärte, dann konnten die Belastungen deutlich besser bewältigt werden. Die empfohlenen Standards, die aus den Erhebungen abgeleitet wurden, sind an das Stufenmodell der Partizipation nach Petersen angelehnt (zit. in ebd.):

- Kinder und Jugendliche sind über das, was mit ihnen geschieht, auf eine ihrem Entwicklungsstand angemessene Weise zu informieren.
- Sie sind mit ihren Wünschen, Befürchtungen und Meinungen zu hören und diese wertzuschätzen.
- Entscheidungen sind soweit wie möglich partnerschaftlich auszuhandeln oder von Kindern und Jugendlichen selber treffen zu lassen.
- Bei allen Entscheidungen – auch wenn diese aus gewichtigem Grund gegen den Willen des Kindes getroffen werden – ist um ihre Zustimmung zu werben.

Vor dem vermuteten Hintergrund, dass es Kindern derweilen schwerfällt, vor Personen, zu denen sie in einem Abhängigkeitsverhältnis stehen (oder stehen werden, wie z. B. zukünftige Pflegepersonen), offen über ihre Ängste und Wünsche zu sprechen, lautete die zweite erkenntnisleitende Frage der bereits genannten Stichprobe:

Praktiziert Ihr Pflegekinderdienst Einzelkontakte zum Pflegekind, d. h. gehört es zur regelmäßigen Praxis Ihres Fachdienstes, Gespräche mit den Pflegekindern unter Abwesenheit der Pflegeeltern zu führen?

Die Unterschiedlichkeit der Handhabung zeigte sich sodann auch in einigen Antworten:

„Nein. Bei Hausbesuchen fragen wir die Pflegekinder, ob sie allein mit uns sprechen wollen oder wir initiieren das, wenn wir einen Bedarf vermuten. Es ist nicht festgelegt im Verfahren".

„Ja, in [...] ist es Standard, dass die Mitarbeiter*innen sich mit den Pflegekindern regelmäßig alleine treffen und sich über die aktuelle Situation austauschen. Ab einem bestimmten Alter mache ich dies regelmäßig, meist so ab der weiterführenden Schule (Alter ca. 12 Jahre). Da bitte ich die Pflegekinder ein bis zweimal pro Jahr alleine zum Gespräch (wenn nötig auch häufiger). Damit habe ich gute Erfahrungen gemacht".

„Ja, wir haben regelmäßige Kontakte zu unseren Pflegekindern und dem Alter entsprechend auch Einzelkontakte für Unternehmungen und Aktionen".

Diese Stichprobe erhebt keinen Anspruch auf Repräsentativität. Dennoch zeigen die Aussagen die Spannbreite der Möglichkeiten in Pflegekinderdiensten (PKD) in Hinblick auf die Gestaltung von persönlichen, bzw. vertraulichen Kontakten zu den ihnen anvertrauten Pflegekindern.

Die provokante Frage sollte erlaubt sein, ob Verfahrensweisen ohne grundsätzliche Bereitstellung eines geschützten Rahmens für Gespräche mit den Kindern, nicht ihr Recht auf Äußerung ihrer Gedanken (Meinung) (Artikel 12 CRC) behindern.

Untersuchungen zu sozialfürsorgerischen Interventionslogiken wurden von Bühler-Niederberger et al. (2014) vorgenommen. Diese basieren auf empirischem Material des DFG-Projekts „Sozialsystem, Kindeswohlgefährdung und Prozesse professioneller Interventionen (SKIPPI[6])". Im Fokus standen dabei der „Blick und die Zugriffe" von Experten auf Kinder. Übereinstimmend und deutlich konstatierten die Kinder, dass sie sich in den Interaktionen mit Sozialarbeiter*innen übergangen fühlten. Die überwiegend negativen Urteile der Kinder betrafen die mangelnde Aufmerksamkeit für ihr Anliegen und ihre Sicht. Man kann in eben dieser Disqualifizierung der Stimme der Kinder, so die Autoren, ein Merkmal der professionellen Annäherung an Kinder identifizieren (vgl. ebd.: 112). Diese Praxis sei bereits im generationalen Gefälle der Alltagswelt angelegt und habe den Vorteil für die Professionellen, dass Entscheidungen über ein „höchst verallgemeinertes Kind" einfacher zu treffen seien, als solche über „höchst individuelle Kinder" (ebd.), da sie auf standardisierte Entscheidungsprogramme zurückgreifen können.

2.4 Das Zusammenspiel der Akteure

Mit der Herausnahme eines Kindes aus seiner Herkunftsfamilie beginnt ein Prozess, der ein Zusammenwirken verschiedener Akteure mit sich bringt. Diese sind das Pflegekind selbst, seine Eltern und leiblichen Geschwister, die Pflegefamilie und die Sozialen Dienste, die mit der Vermittlung und Betreuung von Pflegefamilien beauftragt sind.

Für alle beteiligten Akteure ändern sich durch die Fremdunterbringung zudem die Rahmenbedingungen: die leiblichen Eltern teilen fortan ihre Erziehungsverantwortung und die Pflegeeltern bewegen sich zwischen „zwei Welten". An der Schnittstelle von öffentlicher und privater Erziehung übernehmen die Fachkräfte der Pflegekinderdienste die Rolle „des Mitgestalters, des Vermittlers und die des Konfliktmanagements" (Faltermeier 2014: 133 f.).

Das Hilfeverfahren stellt alle Beteiligten vor neue Herausforderungen, die es hier näher zu beleuchten gilt.

2.4.1 Der Pflegekinderdienst

In der Unterschiedlichkeit der Lebenslagen von Kindern und Jugendlichen liegt das Erfordernis begründet, bedarfsgerechte Formen von Pflegekinderbetreuung und -erziehung bereitzustellen, die sich hinsichtlich ihrer Dauer und ihrer Funktion für die individuelle Situation der Betroffenen unterscheiden. Diese Aufgabe fällt den

---

6 Das von der DFG (Deutsche Forschungsgesellschaft) geförderte Projekt (2010–2013) wurde in Zusammenarbeit der Universitäten Wuppertal und Kassel durchgeführt

Pflegekinderdiensten, die zumeist an die kommunalen Jugendämter angegliedert sind, zu. Voraussetzung für die Arbeit der Pflegekinderdienste ist die Auswahl geeigneter Pflegepersonen, wozu Öffentlichkeitsarbeit und Werbung notwendig sind. Im Anschluss an ein aufwendiges Bewerbungs- und Auswahlverfahren findet eine fachliche Einschätzung der Eignung als Pflegeperson durch das Fachkräfteteam statt, wobei der Motivationsfrage eine besondere Aufmerksamkeit gewidmet wird (vgl. Landkreis Limburg-Weilburg 2014). Es besteht ein Unterschied, ob die Aufnahme eines Pflegekindes durch einen unerfüllten Kinderwunsch motiviert ist oder ob die Beweggründe philanthropischen Ursprungs sind. Die räumliche und finanzielle Situation des Bewerberpaares wird im Verlauf des Verfahrens genauso beurteilt, wie die Krisenfestigkeit ihrer Beziehung.

In der Unterstützung von Pflegefamilien und ihren Kindern fällt den Fachkräften der Pflegekinderdienste eine Schlüsselfunktion zu. Sie initiieren den Prozess der Unterbringung mit der Vermittlung zwischen Kindern, Pflegeeltern und Herkunftseltern und sind federführend in Hinsicht auf den weiteren Verlauf der Hilfeplanung, die die Gestaltung von Umgangskontakten miteinschließt. In ihre Verantwortung fällt die Entscheidung, ob eine Rückführung in Erwägung zu ziehen oder ob das Leben der Kinder in den Pflegefamilien längerfristig angelegt ist. Im Prozess der Unterbringung unterstützt der Pflegekinderdienst im Rahmen von § 37 Abs. 2 SGB VIII die Pflegepersonen allgemein beratend und hinsichtlich diagnostischer Abklärung psychischer oder gesundheitlicher Fragestellungen in Bezug auf die Kinder und stellt bei Bedarf weitere Hilfen bereit (vgl. Sandmeir et al. 2010: 452).

So sieht das SGB VIII die Hilfeformen der Hilfe zur Erziehung als (Dienst-) Leistungen vor und verpflichtet die Fachkräfte der öffentlichen Jugendhilfe in diesem Kontext,

> „Pflegepersonen auf die Inpflegenahme eines Kindes oder eines Jugendlichen vorzubereiten, während der Zeit der Inpflegenahme zu beraten, zu begleiten, fortzubilden und sie durch Einbeziehung in das gesamte Hilfeplanungsverfahren partnerschaftlich zu unterstützen" (vgl. Landkreis Limburg-Weilburg 2014).

Die Interviews der Forschungsgruppe „Pflegekinder" zeigten, dass Unsicherheit ein Thema ist, das alle am Pflegeverhältnis beteiligten Personen beschäftigt. Daher ist es Ziel und Aufgabe der professionellen Arbeit des Pflegekinderdienstes, eine weitestgehende Sicherheit, Beruhigung und Stabilität in Hinblick auf den zukünftigen Lebensmittelpunkt und die weiterführende Perspektive herzustellen. Die Autoren weisen darauf hin, dass es Phasen im Leben eines Pflegekindes geben wird, die zu neuen Verunsicherungen führen. Zu nennen wären hier vor allem Übergangsstadien biografischer Art, z. B. bedingt durch einen Schulwechsel, den Eintritt in die Pubertät oder einen Wechsel der Unterbringung. Dies gilt es in der professionellen Arbeit zu berücksichtigen, indem Ressourcen im Pflegekinderdienst etabliert und dem Pflegekind zugänglich gemacht werden, die einen konstruktiven Umgang mit möglichen Unsicherheiten ermöglichen (vgl. LVR 2011: 23).

Darüber hinaus wurden folgende Problemlagen der verschiedenen Beteiligten benannt, denen ein kompetenter Pflegekinderdienst begegnen sollte:

Betreffend die Herkunftseltern:

- Selbstwertbelastung beispielsweise durch Schuldzuweisungen
- Sorge, ob die Pflegeeltern das Pflegekind „behalten" werden

Betreffend das Pflegekind:

- Angst, sich möglicherweise für die eine oder andere Familie entscheiden zu müssen
- Mögliche Bedrängung zur Rückkehr in die Herkunftsfamilie
- Belastungen in der eigenen Gefühlswelt (z. B. „Enttäusche ich die eine oder andere Seite? Habe ich Verantwortung für meine Herkunftsfamilie?")

Betreffend alle Beteiligten:

- Fragen danach, wer „die Wahrheit" hinsichtlich des Lebens des Kindes sagt (frühe Biografie, Kindheit)
- Umgang mit sehr unterschiedlichen Familienkulturen

Grundsätzlich kann in der Pflegekinderhilfe von einem Zusammenprall wenig kompatibler äußerer Eigenlogiken gesprochen werden, mit denen sich Fachkräfte konfrontiert sehen, die sich gleichzeitig immer im Dilemma zwischen Hilfe und Intervention befinden. Zum einen haben sie es mit der Eigenlogik von deprivierten Herkunftsfamilien zu tun, die gegen alltäglich erlebte existenzielle Belastungen und ihre Stigmatisierung kämpfen und auf der anderen Seite mit der Eigenlogik meist gut situierter Pflegefamilien sowie der des Rechtssystems (vgl. Helming 2010: 252).

Herausfordernder Aspekt in der Pflegekinderbetreuung ist der Umgang mit den Herkunftseltern. In den meisten Fällen liegen die Entscheidungen bezüglich der Umgangskontakte mit dem Kind zunächst bei den Fachkräften.

Bevor ggfs. familiengerichtliche Beschlüsse vorliegen, orientieren diese sich an der Vorgeschichte des „Falles". Auf die in der Arbeit des Pflegekinderwesens traditionell eher untergeordnete Rolle der Herkunftsfamilie soll im Folgenden näher eingegangen werden.

2.4.2 Die Herkunftsfamilie

Die Pflegekinderstudie von Kindler et al. (2010b: 526) bestätigt, dass das Interesse der Sozialen Dienste an den Herkunftsfamilien nach der Fremdunterbringung des Kindes nachlässt. In der überwiegenden Mehrzahl der Fälle wird bereits zu Beginn davon ausgegangen, dass die Inpflegenahme auf Dauer angelegt ist, welches durch die geringe Anzahl an Rückführungen von Pflegekindern belegt wird (vgl. ebd: 361).

Doch wer sind diese Herkunftsfamilien? „Bei einer Inpflegegabe geht es in weniger Fällen um aktuelle Krisen- bzw. Notsituationen, sondern zumeist um länger andauernde Unterversorgungslagen und biographische Deprivationsgeschichten" (Helming et al. 2010b: 270). Eine deutsche Untersuchung an Kinderschutzfällen (Strobel et al. 2008) ergab, dass die Kindheit vernachlässigender Eltern häufig selbst von Deprivation[7], Misshandlung oder mehrfachen Trennungen geprägt ist.

Die Pflegekinder-Fallerhebung von Kathrin Thrum (2007) ergab, dass der überwiegende Anteil der Herkunftsfamilien zum Untersuchungszeitpunkt aus alleinerziehenden Müttern bestand, nämlich 61 Prozent, von 309 Pflegekindern. Die wirtschaftliche Situation stellte sich damals so dar, dass 80 Prozent der 300 untersuchten Herkunftsfamilien von staatlichen Transferleistungen lebten und weitere 16 Prozent als Niedrigverdiener eingestuft wurden. Diese Zahlen wurden so interpretiert, „dass prekäre materielle Lebenssituationen in den Herkunftsfamilien keineswegs Einzelfälle und zudem dauerhaft sind" (ebd.).

Als Akteure der Hilfeplanung für ihr in Pflege befindliches Kind spielen Herkunftseltern eher eine untergeordnete Rolle, obwohl dies gesetzlich vorgeschrieben ist (§ 36 i. V. m. § 33 SGB VIII). Gleichberechtigte Mitsprache in Fragen der Erziehung und Entwicklung des Pflegekindes wird laut Faltermeier (2014: 123) nur in Ausnahmen gewährleistet. Dabei trägt die Rolle der Ursprungsfamilie während eines Pflegeverhältnisses entscheidend zum Gelingen bei. So wirkt sich eine eindeutige

---

[7] Eine Deprivation ist ein Wegfall notwendiger emotionaler Zuwendung und/oder eine mangelnde Befriedigung von Grundbedürfnissen und wird in der Regel von primären Bezugspersonen verursacht (Heinrichs/Lohaus 2011:93).

Bindung des Kindes an die Pflegeeltern oder eine enge Kooperation mit der Herkunftsfamilie prognostisch deutlich günstiger aus, als eine ungeklärte Rollenübernahme von biologischen und Pflegeeltern mit nicht eindeutiger Klärung der Frage, ob sie als Ergänzungs- oder Ersatzfamilie fungieren wollen (Friedrich/Schmid 2014).

Zudem regelt § 37 Abs. 2 SGB VIII, dass die Erziehungsbedingungen in der Herkunftsfamilie durch Beratung und Unterstützung „innerhalb eines im Hinblick auf die Entwicklung des Kindes oder Jugendlichen vertretbaren Zeitraums" so weit zu verbessern sind, dass sie die Erziehungsverantwortung für das Kind wieder übernehmen kann. Diese Hilfe orientiert sich ganz klar daran, ob sie kurzfristig Aussicht auf Erfolg hat. Zugleich wird die Bedeutung der Beziehungserhaltung zur Herkunftsfamilie betont, indem die den Prozess begleitenden Fachkräfte angehalten sind, fördernd und unterstützend darauf einzuwirken, dass Umgangskontakte stattfinden (§ 37 Abs. 3 SGB VIII).

Herkunftseltern sehen sich verschiedenen Rollenerwartungen gegenüber: von Seiten der Pflegeeltern wird gewünscht, dass sie sich möglichst wenig in das Pflegeverhältnis einmischen. Die Fachkräfte wollen Eltern, die sich fügen, „einsichtig" zeigen und die neu hergestellte Beruhigung der Situation nicht stören. Auch für das Kind haben sie sich als „gute" Eltern zu beweisen. Die Umstände jenseits der Normalität anderer Familien versetzt sie in Rechtfertigungsnot gegenüber Nachbarschaft, Freunden und Ämtern, so wie auch gegenüber sich selbst, nämlich „schlecht und unvollständig" zu sein (vgl. ebd.: 129).

Faltermeier (2014: 126 f.) konstatiert eine gewisse Ambivalenz in der Haltung der Sozialen Dienste gegenüber Herkunftseltern: zum einen sind ihnen die sozioökonomischen Benachteiligungsverhältnisse, in denen Herkunftsfamilien überwiegend leben, bekannt. Ihnen ist also bewusst, dass diese unvergleichlich schlechtere Start- und Rahmenbedingungen haben als andere. Auf der anderen Seite werden die Familien für ihre Situation verantwortlich gemacht, zumal vorherige Hilfsangebote versagt und sie folglich ihre Elternschaft verwirkt haben. Darin begründen sich die Annahmen der Fachkräfte, dass sie auch mit Hilfe der sozialstaatlichen Institutionen in Zukunft nicht in der Lage sein werden, die Erziehungs- und Entwicklungsbedingungen ihrer Kinder nachhaltig zu verbessern. Aus diesen Gründen ist eine Rückkehr in das Herkunftsmilieu nahezu ausgeschlossen (vgl. ebd.).

Die begrenzten Erfolge ihrer Arbeit mit den Herkunftsfamilien im Vorfeld der Fremdplatzierung mindern den Optimismus der Sozialen Dienste auf ihre

Veränderungsbereitschaft. Dennoch, - und hier wird die Ambivalenz der Fachkräfte erneut deutlich,- wird die Einbeziehung der Familien allgemein als sinnvoll und notwendig erachtet. Faltermeier sieht den Bedarf an neuen Konzepten der „geteilten" Elternschaft in Form von Erziehungspartnerschaften, um die Ausgrenzungsdynamiken der Fremdunterbringung, insbesondere für Herkunftsfamilien, zu unterbrechen. Der Autor betont die verfassungsrechtlichen (Art. 6 GG) und fachgesetzlichen Ansprüche (§§ 27 ff. SGB VIII) der Herkunftseltern, unabhängig von der Frage der Rückführung, auf eine bedarfsgerechte sozialstaatliche Unterstützung, die Elternarbeit und Elternbildung mit einschließt, damit diese ihre Erziehungspartnerschaft als „Eltern ohne Kind" aktiv wahrnehmen können.

Diesen den Herkunftsfamilien sehr zugewandten Vorstellungen stehen die realen Bedingungen gegenüber, wonach die komplexen und in der Regel chronischen Mehrfachbelastungen in den Herkunftsfamilien in der Praxis tatsächlich nur sehr selten innerhalb eines aus kindlicher Zeitperspektive vertretbaren Zeitraums (§ 37 Abs. 1 Satz 2 SGB VIII) verbessert werden können. Fachlich vertretbare, binnen 12 bzw. 18 Monaten umsetzbare Rückführungen, die für das Kind nachhaltig Stabilität in der Herkunftsfamilie in Aussicht stellen, „können nur in etwa 2,5 Prozent bis 3 Prozent der Pflegeverhältnisse realisiert werden, kommen in der Bundesrepublik also nur sehr selten vor" (BMFSFJ 2016: 30).

2.4.3 Die Pflegefamilie

Im konstitutiven Merkmal von Kernfamilie, nämlich ihrer „biologisch-sozialen Doppelnatur" (König 1974: 61) wird der Strukturunterschied zwischen Herkunfts- und Pflegefamilie deutlich. Mit Ausnahme der Verwandtenpflege, sind Pflegeeltern mit ihrem Pflegekind nicht biologisch verbunden. So handelt es sich bei der Pflegefamilie, um eine Familie,

> „die ein oder mehrere, mit ihnen verwandtschaftlich nicht verbundene und damit zunächst fremde Kinder für längere Zeit ihrer Kindheits- und Jugendphase im Auftrag des Jugendamtes aufnehmen und mit ihnen zusammenleben" (Köhler et al. 2017: 58 ff.).

Der Unterschied zu Adoptiveltern manifestiert sich am Prinzip der zeitlichen Begrenztheit des Pflegeverhältnisses und dem Fakt, dass die leiblichen Eltern des Pflegekindes mehr oder weniger präsent sind (vgl. ebd.).

Bemühen wir erneut die Fallerhebung von Thrum (2007), handelt es sich bei Pflegefamilien im Allgemeinen um gutbürgerliche, eher in traditioneller Arbeitsteilung lebende, deutsche Familien, die in einer mittleren wirtschaftlichen Situation leben. Auch in Hinblick auf den Bildungsstand unterscheiden sich Pflegepersonen in hohem Maß von den Herkunftsfamilien, da über 80 Prozent von ihnen über einen höheren Ausbildungsabschluss verfügen (vgl. ebd.).

Erwachsenen in Pflegefamilien lassen sich laut Wolf (2014: 83 f.) zwei unterschiedliche Identitätsmodelle zuschreiben: Das Rollenkonzept des professionellen Betreuers und das der „Pflegeeltern". Erstere weisen sich durch eine professionelle Haltung aus. Ziel ist es, positiv mit dem Kind zusammenarbeiten und es darin unterstützen zu wollen, seine Rolle als betreutes Kind in der Pflegefamilie anzunehmen und mit der Herkunftsfamilie konstruktiv zu kooperieren (vgl. ebd.). Hingegen sind die sich als Pflegeeltern verstehenden Personen daran interessiert, eine „richtige" Familie zu bilden und betonen die Normalität des Familienlebens, die die Unterstützung von Verwandtschaft und Freunden miteinschließt. Allerdings kann dieses Konzept auch Probleme mit sich bringen, wenn die Pflegepersonen das Kind bspw. in seiner Identitätsentwicklung als Pflegekind nicht unterstützen oder mit ihm ein Bündnis gegen das Jugendhilfesystem entwickeln (vgl. ebd.).

Die Fachkräfte des Pflegekinderdienstes besprechen und reflektieren mit Pflegeeltern-Bewerbern deren Erziehungsvorstellungen, Erfahrungen, Normen und Werte. Es wird erwartet, dass sie bereit und in der Lage sind, auf die besondere Problematik von Pflegekindern angemessen einzugehen. Als wichtiger Ansatzpunkt wird hier angesehen, die Grundrichtung der Erziehung der leiblichen Eltern zu akzeptieren, für das Pflegekind belastende Situationen im Spannungsfeld von Bindung und Trennung stützend zu begleiten und an der Herkunftsgeschichte des Pflegekindes zu arbeiten (vgl. Stadt Mainz 2014).

Wird eine Familie beauftragt, ein Kind in Pflege zu nehmen, entsteht eine Familienform, die insofern Widersprüchlichkeiten aufweist, als der zentrale Auftrag an die Pflegeeltern lautet, „diffuse, familienähnliche Sozialbeziehungen auf beruflicher Grundlage zu initiieren und im Zusammenleben mit dem Kind auch zu praktizieren" (Bergold et al. 2017: 59). Die Vermutung liegt nahe, dass die auf pragmatischen Erfordernissen basierende Herstellung von Elternschaft und die gleichzeitige Auseinandersetzung mit den eigenen Wunschvorstellungen und Erwartungen Ambivalenzen befördern, die Pflegepersonen vor besondere Herausforderungen stellen.

Reimer (2017: 40) bezeichnet die besondere Situation von Pflegefamilien, als diese „einer öffentlichen Familie, die mit ihrer Sorge für und um desintegrierte Kinder am Rande der gesellschaftlichen Normalität steht". Die Pflegekinderdienste haben dies erkannt und reagieren mit umfassenden Fortbildungsangeboten für Pflegepersonen.

Die folgenden Themenbereiche sind hierzu von Relevanz:

Themen im Bereich »Herkunftsfamilie«

- persönliche Kontakte zwischen Pflegekind und Herkunftsfamilie
- Umgang mit Rückkehroptionen
- Konflikte und Konfliktbereiche mit Herkunftsfamilien

Themen im Bereich »Pflegeeltern«

- Aufgaben und Erwartungen
- Biografiearbeit mit den Pflegekindern
- Erziehungsfragen, Beziehungsdynamik, Umgang mit Grenzen
- Bewältigung belastender Lebenssituationen, Kriseninterventionsstrategien
- Pflegekind und leibliche Kinder
- Umgang mit den Reaktionen der Umwelt (Nachbarn, Freunde, Schule, Kindergarten)

Themen im Bereich »Recht«

- alltägliche rechtliche Fragen (z. B. Sorgeberechtigung, Aufenthaltsbestimmung, Aufsichtspflicht, Krankenkasse, Versicherungen)
- finanzielle Fragen (Kindergeld, Sonderleistungen usw.) (Ministerium für Soziales, Frauen, Familie und Gesundheit des Landes Niedersachsen 2008: 15 f.).

Mit dem Bundesverband für Pflege- und Adoptivfamilien e. V. (PFAD) steht Pflegepersonen ein Bündnis zur Seite, das die Interessen und Anregungen seiner Mitgliedsfamilien und der PFAD-Landesverbände und ihrer Ortsvereine und -gruppen bündelt. Die Vernetzung und Zusammenarbeit mit Kooperationspartnern, öffentlichen und freien Trägern der Jugendhilfe und Verantwortungsträgern in politischen Parteien und Ministerien, die sich in jüngster Zeit zunehmend um die Anliegen von Pflegefamilien kümmern, steht dabei im Vordergrund.

Es ist naheliegend, dass die Bedeutung und der Wert von privaten Pflegepersonen als Kooperationspartner der Jugendhilfe, in Anbetracht knapper kommunaler finanzieller Ressourcen, in den Fokus gerückt sind. Stationäre Settings (§ 34 SGB VIII) sind deutlich kostenintensiver als Vollzeitpflege in Pflegefamilien.

So setzten sich vor dem Hintergrund sich wandelnder Anforderungen an Pflegefamilien Scheiwe et al. (2016) im Auftrag des Bundesministeriums für Familie, Senioren, Frauen und Jugend (BMFSFJ) mit der Frage auseinander, welche rechtlichen Neujustierungen und Anpassungen der sozialen Praxis erforderlich seien, um der Situation von Pflegekindern und ihrer Pflegefamilien besser gerecht zu werden. Im Ergebnis sehen die Autoren die Notwendigkeit, die Rechte von Pflegeeltern bei längerer Dauer der Pflegeverhältnisse zu stärken, indem ihnen zusätzliche Entscheidungskompetenzen und Beschwerdemöglichkeiten zugebilligt werden. Ferner wurde ein Bedarf an verstärkten Anstrengungen in Hinblick auf Stabilität und Kontinuität in der Pflegefamilie und ggfs. Pflegekindadoption festgestellt. In Bezug auf die Pflegekinder erstrecken sich die Forderungen der Forscher auf die Stärkung ihrer Rechtsposition im Hilfeprozess und auf eine erweiterte Unterstützung der jungen Volljährigen im Übergang (vgl. ebd.).

Im Rahmen des Gutachtens wurde angeregt, die Forschung zur Wirkung von Umgangskontakten und Rückführungen voranzutreiben. Dieses Thema spielt aus der Perspektive des Kindes, die im nächsten Kapitel betrachtet wird, eine herausragende Rolle.

2.4.4 Das Kind

Im Mittelpunkt der Pflegekinderhilfe steht das Kind, das oft aus Unterversorgungslagen heraus in eine Pflegefamilie vermittelt wird. Mit der Herausnahme aus der Ursprungsfamilie erlebt es einen Bruch zu seinem bisherigen Leben (vgl. Hübsch et al. 2014: 188).

Für das Pflegekind beginnt eine Phase, die herausfordernd auf seine Entwicklung wirken kann. Neben dem Beziehungsabbruch von seinen primären Bindungspersonen sowie evtl. von seinen Geschwistern, muss es sich auf neue Menschen (Pflegeeltern, evtl. deren leibliche Kinder, neue Kinder in Kita oder Schule, etc.) einlassen, sich an neue Lebensumstände anpassen und unter Umständen traumatische Erlebnisse aufarbeiten. Parallel wird es je nach Alter und Entwicklungsstand am Hilfeprozess beteiligt und -, wenn es dem Kindeswohl nicht widerspricht, zu Umgangskontakten mit den leiblichen Eltern verbracht. Angesichts dieser potentiellen Belastungsfaktoren lohnt nochmals ein Blick auf die Interviewergebnisse des

„Leuchtturmprojekts" (LVR 2011). Eine Entlastung der Problematik, „zwischen zwei (oftmals sehr unterschiedlichen) Familien" zu stehen, erfuhren die befragten ehemaligen Pflegekinder, wenn bestimmte Merkmale gegeben waren. Zum einen wurde die Bedeutung der Rollenklarheit benannt, d. h. alle Beteiligten akzeptieren: „Das eine ist Mama, das andere ist Mutter". Positiv empfanden die Pflegekinder, wenn ein Austausch zwischen beiden Familien ohne größere Probleme möglich war und Verständnis für die jeweils andere Seite bestand. Hierzu gehörte auch, dass über die Personen der Herkunftsfamilie kein „böses" Wort verloren und deren Verhaltensweisen erklärt wurden. Der offene Umgang mit der Existenz der Herkunftsfamilie und die Fähigkeit und Bereitschaft der Pflegepersonen, das Pflegekind im Umgang mit möglichen Loyalitätskonflikten zu unterstützen, waren ebenfalls von Relevanz für die Pflegekindzufriedenheit (vgl. ebd.: 23).

Die Enttabuisierung der Fragen nach der Normalität oder Unnormalität ihres Lebens kann für Pflegekinder durch einen konstruktiven Umgang mit ihrer Biografie sehr entlastend wirken. Die Pflegeeltern und die vertraute Fachkraft des Pflegekinderdienstes können Pflegekinder dabei unterstützen, das Erlebte in Worte zu fassen, positiv besetzte Erklärungsstrategien für ihre eigene Situation als Pflegekind und eine Idee von Herkunft zu entwickeln (vgl. ebd.: 74).

Die Bedeutung der Rolle der Fachkraft des PKD als „Regisseur" der Hilfeplanung wird deutlich, wenn ehemalige Pflegekinder das eigentliche Hilfeplangespräch als weitere Belastungsquelle beschreiben. Dies war in ihrer Erinnerung der Fall, wenn sich im Verlauf des Gesprächs keine Gelegenheit bot, sich frei zu äußern oder offen mögliche Probleme anzusprechen, da Sorge bestand, die Pflegeeltern damit möglicherweise zu enttäuschen. So lautet ein Zitat, worin ein Mädchen beschreibt, wie es die Situation als Kind erlebt hat:

> „Das waren auch erst Sachen, die ich sagen konnte und mich getraut habe zu sagen,
> als ich älter war. So als Kind sagst du nichts, da guckst du deine Eltern an und sagst:
> Nein, wenn du das jetzt sagst, dann kriegst du Ärger und dann sind die traurig. Und
> das fand ich halt immer nicht gut, dass die Eltern daneben saßen, die Pflegeeltern.
> Das finde ich überhaupt nicht gut" (ebd. 77).

Oftmals empfinden die Kinder die Befragungssituation im Hilfeplangespräch als formalistisch, d.h. Fragenkataloge werden abgearbeitet, ohne das jeweilige Alter der Kinder zu berücksichtigen und zu bedenken, dass Kinder in der Pubertät ggfs. nicht mehr bereitwillig auf persönliche Fragen antworten wollen. Die Interviews verdeutlichen, dass die Fachkräfte meistens nicht als Ansprechpartner für sie selbst wahrgenommen werden, sondern als „Amtspersonen", deren Aufgabe es ist, zu kontrollieren, „dass alles gut läuft" (ebd.).

Wenn es einzelnen Fachkräften jedoch gelingt, dem Kind authentisch und empathisch zu begegnen sowie echtes Interesse an seiner Person zu zeigen, kann die zuständige Fachkraft durchaus als Ressource für das Pflegekind empfunden werden. Als Indikatoren für diese Qualität wurden Ehrlichkeit im Umgang mit dem Kind und Gesprächsangebote benannt (vgl. ebd: 77 ff.).

Die Ergebnisse einer Expert*innenrunde des Dialogforums Pflegekinderhilfe (2015) in Kombination mit der Literaturexpertise von Diana Eschelbach (2016) zeigten, dass vier zentrale Dimensionen die Entwicklung von Pflegekindern nachhaltig beeinflussen:

1. Kontinuitätssicherung und Berechenbarkeit des Lebensortes für Kinder
2. Eine konstruktive Auseinandersetzung mit der Herkunft und Beheimatung für Kinder
3. Beteiligung der Kinder und Jugendlichen
4. Qualitätsentwicklung der Pflegekinderhilfe und Erhöhung der Gesamtrationalität des Systems

Ein weiterer Aspekt, der im direkten Zusammenhang mit den Beteiligungsmöglichkeiten von Kindern zu nennen ist, ist „die dem Entwicklungsstand und dem Alter entsprechende angemessene Information" als Grundvoraussetzung für die Umsetzung von Beteiligung. Die Expert*innen sehen eine zusätzliche Belastungsquelle für Kinder darin, wenn diese sich nicht hinreichend informiert fühlen. Daher wird gefordert, dass Pflegekinder rechtzeitig über Entscheidungen und Planungen informiert werden

> „und zwar in einer ihnen verständlichen, ihr Alter und ihre Möglichkeiten berücksichtigenden Sprache. Die Information und Anhörung sind dabei auf eine wohlwollende Atmosphäre angewiesen, denn erst dann entsteht Vertrauen" (ebd.).

2.5 Der Schutzauftrag

Familie und Jugendhilfe stehen in einem ambivalenten Spannungsverhältnis zueinander. Das Grundgesetz (Artikel 6) spricht den Eltern zunächst vertrauensvoll das natürliche Recht zu, ihre Kinder zu pflegen und zu erziehen. Sodann erfolgt die Ermahnung, dass dies auch ihre „zuvörderst obliegende Pflicht" sei. Das Misstrauen, ob der Erfüllung dieser Aufgabe, wird durch den Passus verdeutlicht, der bestimmt, dass letztendlich die staatliche Gemeinschaft darüber wacht, ob die Eltern den

Erwartungen entsprechen. Dem Pflegekinderwesen, als Teil der staatlichen Kontrollinstanzen, fällt bei Versagen der Erziehungsberechtigten die Auswahl einer alternativen Familie zu, die den „Schaden" auszugleichen und das Gelingen der kindlichen Entwicklung zu sichern hat (vgl. Münstermann 2013: 33).

Werden „Eltern" für die Übernahme einer Pflegeelternschaft von Fachleuten ausgewählt, wird ihnen quasi von Amts wegen, die Befähigung zur Erziehung eines Kindes zuerkannt. Die Problematik dabei ist jedoch, dass potentiell in jeder Familie schädliche Dynamiken von Aggression, gegenseitiger Verletzung und Isolation vorhanden sind (vgl. ebd.). Um handlungsfähig zu bleiben, so Münstermann, müsse diese Tatsache jedoch verdrängt werden. Aber muss sie das? Es stimmt schon, dass von einem Interessenkonflikt gesprochen werden kann: Einerseits besteht zwischen Pflegeeltern und PKD ein Arbeitsverhältnis, das auf wechselseitigem Vertrauen beruht. Die Pflegekinderhilfe ist auf die Bereitschaft der Pflegepersonen zur Kooperation angewiesen. Daher steht das Bemühen im Vordergrund, ein gutes Verhältnis zu pflegen. Gleichsam steht über allem das Wächteramt der Fachkräfte, das, um gewissenhaft ausgeübt werden zu können, Einblicke in das Privateste der Familien benötigt. Gemäß § 37 Abs. 3 SGB VIII soll das Jugendamt

> „den Erfordernissen des Einzelfalls entsprechend an Ort und Stelle überprüfen, ob
> die Pflegeperson eine dem Wohl des Kindes oder des Jugendlichen förderliche Erzie-
> hung gewährleistet".

Aus diesem Grund spricht Münstermann auch von einem doppelten Schutzauftrag der Pflegekinderhilfe, da es einerseits gilt, Gefährdungen für das Pflegekind zu verhindern und die Privatsphäre der Pflegefamilie andererseits weitestgehend zu schützen. So sei es seiner Ansicht nach kontraproduktiv, die Kriterien für die Auswahl und Überprüfung potenzieller Pflegeeltern zu verschärfen und eine zunehmend misstrauische Haltung den Pflegepersonen gegenüber einzunehmen.

Den Pflegefamilien einen Vertrauensvorschuss zu gewähren, sollte das Sichbewusstmachen einer latenten Gefahr für das Kindeswohl im geschlossenen System der Pflegefamilie nicht ausschließen. Mit der Beschränkung auf strafrechtlich relevante Tatbestände im Kontext von „Kindeswohlgefährdung", werden, „versteckte" Anhaltspunkte übersehen, die sich in Einstellungen, Normen und Haltungen der Pflegeeltern zeigen und auf Dauer durchaus auch zu gering- bis hochgradigen Gefährdungen für das Kind führen können. Ein erweitertes Verständnis von Kindeswohlgefährdung schließe somit latente seelische Gewalt mit ein, die von außen häufig nicht wahrgenommen wird. Der hier beschriebene „dogmatische

Pflegeelternhabitus" (Münstermann: 83) zeigt sich z. B. in einer ablehnenden Haltung gegenüber der Herkunft des Kindes, so dass Kontakte zur Herkunftsfamilie erschwert oder Fotos von ihr nicht zugelassen werden.

Seelische Misshandlung kann zudem bspw. durch Aktionen oder Äußerungen der Betreuungspersonen gegenüber dem Kind verursacht werden, die es herabsetzen, ihm Angst machen, ihm vermitteln, es sei fehlerhaft oder ungeliebt, aber auch „wenn Kinder mit ihren Bedürfnissen und Lebensäußerungen nicht wertgeschätzt werden" (Alle 2010: 23).

In der deutschen Fachdiskussion finden Gefährdungserfahrungen von Pflegekindern durch die Pflegeeltern oder andere in der Familie lebende Personen kaum Erwähnung. So liegen keine vertrauenswürdigen Zahlen zur Häufigkeit von Gewalt, Vernachlässigung oder Missbrauch in Pflegefamilien vor (vgl. Kindler et al. 2010a: 172).

Münstermann schlägt eine gesonderte „Übereinkunft zur Sicherung des Kindeswohls" mit den Pflegeeltern vor, die durch mehrere Weiterbildungsangebote ergänzt würde. Diese sollten zum einen der Sensibilisierung für das Thema „Kindeswohl" dienen und zum anderen Methoden zur Stärkung der eigenen Handlungskompetenzen zur Sicherung des Kindeswohls sowie Hilfestellung zur Selbstreflexion vermitteln.

Der Fachkraft fällt in diesem Konzept eine aktive Rolle als Berater*in, aber auch Kooperationspartner*in zu. In Bezug auf das Kind wird die Bedeutung des Aufbaus und der Festigung eines persönlichen Vertrauensverhältnisses herausgestellt. Wenn es gelingt, dass das Kind diese Person nicht als „Verbündete*n" der Pflegeeltern wahrnimmt, „ist die Grundlage dafür geschaffen, dass sich das Pflegekind im Notfall der „Familienberater*in" anvertraut" (Münstermann 2013: 104 f.).

3 Das Pflegekind und seine Besonderheiten

An den Umständen, die dazu führen, dass ein Kind in Vollzeitpflege genommen wird und seiner aktuellen Situation orientieren sich die Bedarfe des Kindes und der weitere Hilfeverlauf. Neben der Gruppe der Pflegekinder, deren Eltern wegen Krankheit oder Inhaftierung als Betreuungspersonen ausfallen (24 %), ist die Gruppe derer, die aufgrund von Gefahr für das Kindeswohl in Vollzeitpflege genommen werden (25,2 %) am größten (vgl. van Santen 2017).

Ein Kind, das auf aufgrund kindeswohlgefährdender Bedingungen in der Herkunftsfamilie in einer Pflegefamilie untergebracht wird, kann nicht nur wegen der von außen herbeigeführten abrupten Trennung von seinen primären Bindungspersonen als hoch belastet angesehen werden. Geht man von mitunter traumatisierenden Vorerfahrungen in der Herkunftsfamilie aus, sind diese bei der Beurteilung der psychischen Verfassung des Kindes mit zu berücksichtigen. Von einem traumatischen Ereignis wird gesprochen, wenn einer Person in einer Situation jegliches Gefühl von Sicherheit genommen ist und von einer nicht zu bewältigenden Angst und Hilflosigkeit befallen ist (Streeck-Fischer 2014). Befindet sich ein Kind in einer solchen Lage, ist es von Bedeutung, ob die Bindungspersonen (meistens die Eltern) die Sicherheit wieder herstellen können. Ist dies nicht der Fall oder sind sie es sogar, die das traumatische Erlebnis hervorrufen oder bedingen, ist zu erwarten, dass die Entwicklung des Kindes beeinträchtigt wird (Nienstedt/Westermann 2013).

Das weite Spektrum der Lebenswirklichkeit traumatisierter Kinder erziehungsunfähiger Eltern beschreibt Hardenberg (2005: 87) in seinem Aufsatz zum 16. Tag des Kindeswohls folgendermaßen:

> „chronische Vernachlässigung, psychische und physische Misshandlung, sexueller Missbrauch des Kindes durch Eltern, die sich nicht einmal ansatzweise in die so entstehende schreckliche Not des Kindes einfühlen können".

Für den Autor ist der Aspekt der erlebten Realität des Kindes sowie die Verleugnung dieser durch leibliche Eltern, Pflegeeltern und Professionelle von zentraler Bedeutung in der Arbeit für Pflegekinder (vgl. ebd.: 86).

Diese Erkenntnis beruht auf Hardenbergs Beobachtung, dass Pflegepersonen, aber auch Fachkräfte kaum in der Lage sind zu verstehen oder nachzuvollziehen, dass bereits ein Säugling eine Traumatisierung erfahren haben kann. Wurde dieser nur wenige Tage, Wochen oder Monate chronisch vernachlässigt oder misshandelt, ist er ein traumatisiertes Kind, das sich „über lange Zeit in der Pflegefamilie mit seinen verinnerlichten Erfahrungen in Form von schlimmen Ängsten und ungesteuerten massiven Wutdurchbrüchen auseinandersetzt" (ebd.).

Somit wird die Pflegefamilie zu dem Ort, - so sie auf Dauer angelegt ist, an dem sich entscheidet, welchen weiteren Verlauf die kindliche Entwicklung nimmt. Es lässt sich schlussfolgern, dass das Wissen um die erlebte Realität des Kindes und der entsprechende, anerkennende Umgang damit, den Grundstein für die Beziehungsgestaltung in der neuen Familie, aber auch mit Bezugspersonen der Jugendhilfe legen.

Die gelingende Integration des Kindes in die Pflegefamilie ist sodann auch die Voraussetzung dafür, Kinder vor Unterbringungswechseln zu schützen, die einen weiteren Risikofaktor für ihre Entwicklung darstellen würden. Um diese gewährleisten zu können, sind Kenntnisse der Psychotraumatologie und der Bindungsforschung von zentraler Bedeutung. Fachlich kompetente Pflegeeltern und Fachkräfte sind in der Lage, das traumatisierte Pflegekind in seinem Aufarbeitungs- und Gesundungsprozess zu unterstützen und zu begleiten. Da gerade stark interpersonell traumatisierte Kinder ein auffälliges Bindungsverhalten aufweisen (Schmid et al. 2017), soll dieser Aspekt im Folgenden weiter untersucht werden.

3.1 Die Bindungen des Pflegekindes

Die Bindungsforschung belegt, dass alle Kinder zwar ein biologisch verankertes allgemeines Bindungsbedürfnis haben, ihre Bindungsbeziehungen letztendlich jedoch exklusiv sind. Diese sind abhängig von der *Feinfühligkeit*[8], die dem Kind von seiner nächsten Bezugsperson entgegen gebracht wird. Sie zeichnet sich dadurch aus, dass die kindlichen Signale zeitnah wahrgenommen und korrekt interpretiert werden sowie eine prompte Reaktion erfahren. Die sich in ihrer Qualität unterscheidenden Bindungsbeziehungen „dienen als Schutz vor physischer Gefahr und emotionaler Überlastung und gewähren emotionale Sicherheit" (Scheiwe et al. 2016: 26-29). Ihre emotionale Qualität führt dazu, „dass Trennungen zu heftigen Trauerreaktionen bis hin zu Hilflosigkeit und Depression führen können" (ebd.).

Der Psychiater John Bowlby (1969/1982), auf den die Bindungstheorie zurück geht, leitete aus seinen Studien mit delinquenten Jugendlichen ab, dass die Trennung von der primären Bindungsperson in den ersten fünf Lebensjahren in einem

---

[8] Mary Ainsworth (1913-1999), Mitarbeiterin von John Bowlby, erhob den Begriff zum Qualitätsmerkmal für eine hochwertige Beziehung zu der primären Bindungsperson (ebd.).

kausalen Zusammenhang mit der Entwicklung von Verhaltensauffälligkeiten bei Kindern stehe. Drei Viertel der nach § 33 SGB VIII in einer Pflegefamilie untergebrachten Kinder sind unter sechs Jahre alt (Schleiffer 2015). Sie gehören somit zu der Gruppe der Kinder, die Bowlby als potentiell verhaltensauffällig bezeichnen würde. Abgesehen von der Trennungserfahrung wirken jedoch die bis zum Zeitpunkt des Beziehungsabbruchs gemachten Bindungserfahrungen auf das Verhalten des Kindes ein, nämlich, ob ihm in seiner frühen Kindheit eine verlässliche, feinfühlige Bindungsperson zur Verfügung stand. Daraus leitet das Kind seine Vorstellungen ab, wie Beziehungen funktionieren und welche Bedeutung das Kind für eine Bezugsperson/en glaubt zu haben. Mit zunehmendem Lebensalter entwickelt sich so ein inneres Arbeitsmodell von Bindung. Die auch als Bindungsrepräsentation bezeichnete Vorstellung richtet sich dann nicht mehr spezifisch auf einzelne Personen, sondern drückt sich durch Bindungsmuster im weiteren Lebensverlauf aus (Bowlby 1969/1982).

Wie bereits ausgeführt, sind Pflegekinder besonders oft von traumatischen Vorerfahrungen in der Herkunftsfamilie betroffen. Die Untersuchungen zur Erfassung von Bindungsverhalten zeigten, dass sich vor allem desorganisierte Bindungsmuster, die im Kontext einer Traumatisierung durch die Bindungsperson gehäuft auftreten, nachteilig auf die Entwicklung von Kindern auswirken: Dysfunktionales Stressmanagement, externalisierendes Problemverhalten und späteres dissoziatives Verhalten sind oft die Folge (Scheiwe et al. 2016: 27).

Bindungsmuster geben Aufschluss über die Bindungserfahrungen der Kinder. Aus ihnen lassen sich Überlegungen ableiten, welche Form der Unterstützung sie benötigen, wie ihnen pädagogisch begegnet werden sollte oder aber auch, welches Handeln ihnen schaden würde. Tiefgreifender und grundsätzlicher sind Bindungsstörungen, welche als klinische Störungsbilder, im Katalog der Krankheiten der WHO, ICD-10-GM[9] (DIMDI 2019) aufgeführt sind. Sie sind gleichfalls auf pathogenes Erleben des Kindes wie Deprivation, Misshandlung, Verlust und Gewalt zurückzuführen, allerdings liegt der Unterschied in der Persistenz dieser Erfahrungen (Brisch 2006: 18). Wenn Kinder diesen über einen langen Zeitraum ausgesetzt waren, treten z. B. im Fall der *Bindungsstörung mit Enthemmung* (im ICD-10-GM unter

---

[9] Die Internationale statistische Klassifikation der Krankheiten und verwandter Gesundheitsprobleme, 10. Revision, German Modification (ICD-10-GM) ist die amtliche Klassifikation zur Verschlüsselung von Diagnosen in der ambulanten und stationären Versorgung in Deutschland.

F94.2[10]) Merkmale auf, die eine Bindungslosigkeit aufweisen. Dies kann sich darin zeigen, dass das Kind bei Belastung weder Nähe noch Trost sucht oder sich unterschiedslos an bekannte wie fremde Personen wendet (Ziegenhain/Fegert 2011). Das diffuse, nicht-selektive Bindungsverhalten entwickelt sich im Laufe der Kindheit zu einem wahllos, freundlichen und aufmerksamkeitssuchenden Verhalten und ist besonders häufig bei Kindern zu finden, die bereits mehrere Betreuungswechsel erlebt haben (vgl. Nowacki/Remiorz 2018: 93). Eine *reaktive Bindungsstörung* (im ICD-10-GM unter F94.1) hingegen weist ein übermäßig ängstlich wachsames Verhalten auf. Ein zentraler Aspekt dieses Störungsbildes ist, dass die betroffenen Kinder weder Trost suchen, noch kundtun, wenn ihnen etwas fehlt. Dies ist darauf zurückzuführen, dass „das Bedürfnis nach sicherer Basis, Trost und positiver Ansprache durch erwachsene Bezugspersonen" bereits seit der frühen Kindheit massiv vernachlässigt wurde (ebd.).

Pflegekinder die eines der beschriebenen Störungsbilder aufweisen, stellen ihre Pflegefamilien vor besondere Herausforderungen, da sie in Interaktion mit ihren Bezugspersonen oft widersprüchliche oder ambivalente Reaktionen in unterschiedlichen sozialen Situationen und emotionale Auffälligkeiten zeigen. Fehlt den Pflegepersonen das erforderliche Maß an reflexiver Selbststeuerung und an Kenntnissen über die Zusammenhänge und Ursachen dieser Störungen, erhöht sich das Risiko, dass diese Kinder negative Reaktionen provozieren, die ihrer Entwicklung abträglich sind (Scheiwe et al. 2016). Professionelle Unterstützung ist insofern von essentieller Bedeutung für das Gelingen des Pflegeverhältnisses, das im direkten Zusammenhang mit dem Wohlergehen des Kindes steht. Ziel sollte es sein, Vertrautheit und Kontinuität in den bestehenden Beziehungen zu sichern und darüber hinaus „entwicklungsförderliches Potenzial kindorientiert-feinfühliger Bindungsangebote bereitzustellen, um die Risiken dysfunktionaler Bindungen zu minimieren" (ebd.).

> „Ich hatte halt immer Angst, dass ich abgegeben werde. Das war das Schlimmste an diesem ganzen Pflegegedöns. Sag ich jetzt mal. Also das war wirklich das Allerschlimmste. Immer diese Angst zu haben, die können mich jederzeit abgeben. Und ich denk mal, dass ich deswegen zum Teil auch wirklich ja, also unterdrückt gelebt hört sich jetzt ganz furchtbar an. Aber, dass ich oft auch Sachen getan habe, ja, um einfach nett dazustehen" (LVR 2011: 20).

---

[10] ICD-10-GM F90-F98: Verhaltens- und emotionale Störungen mit Beginn in der Kindheit und Jugend.

Dieser Interviewausschnitt aus den Befragungen ehemaliger Pflegekinder des Leuchtturmprojekts verdeutlicht, dass das Thema der Unsicherheit über die Stabilität des Lebensortes für diese Kinder auch über einen langen Zeitraum relevant sein kann. Weder die Familie, der es zugewiesen wurde, noch das Kind, haben einander in der Regel, - außer es handelt sich um Verwandtenpflege, nach Sympathie oder anderen persönlichen Kriterien ausgesucht. Das Zustandekommen der Pflegefamilie-Pflegekind-Beziehung beruht zunächst auf pragmatischen Erwägungen der Pflegekinderdienste. Die Pflegepersonen haben noch vor der endgültigen Entscheidung die Gelegenheit, sich gegen die Aufnahme des Kindes zu entscheiden, wenn sie angesichts seiner Geschichte und seiner möglichen Problematiken zu dem Schluss kommen, dass sie diese Aufgabe nicht leisten können oder wollen. So ist es ein Aspekt der Pflegebeziehung, dass für das Kind zunächst unklar ist, welcher Motivation die Ersatzfamilie folgt, wenn sie es in ihren Haushalt aufnimmt und damit auch der Grad der Verbindlichkeit der zu erwartenden Beziehung.

Die Dauer des Aufenthalts des Pflegekindes in der Familie steht, so belegen es Verlaufs- und Langzeitstudien aus dem Ausland, in Zusammenhang mit den Entwicklungstendenzen des Kindes (vgl. Helming 2010: 252). Im Laufe der Zeit wurde eine Steigerung der Verhaltensanpassungen und Kompetenzen festgestellt und den Pflegekindern gelang es, eine sichere Bindung zur Pflegemutter zu herzustellen. Gleichsam nahmen das Gefühl von Sicherheit und Zugehörigkeit nach längerem Aufenthalt in der Familie zu.

Trotz dieser positiven Tendenzen darf nicht unerwähnt bleiben, dass es etwa der Hälfte der ehemaligen Pflegekinder im (jungen) Erwachsenenalter nicht gelingt, ökonomische Selbständigkeit, positive Familienbeziehungen und eine ausreichende Versorgung der eigenen Kinder sicherzustellen. Reimer konstatiert, dass die Anzahl der ehemaligen Pflegekinder, die delinquent werden oder unter psychischen Erkrankungen leiden, im Vergleich mit der Durchschnittsbevölkerung mehrfach erhöht zu sein scheint (Reimer 2017: 35).

3.2 Die Entwicklungsaufgaben des Pflegekindes

Aus der Entwicklungswissenschaft sind verschiedene Paradigmen hervorgegangen, deren zugrundeliegende Modelle die Beziehung von Kind und Umwelt und deren Relevanz für die kindliche Entwicklung erklären. Sie unterscheiden sich jeweils hinsichtlich einer mehr oder weniger aktiven, bis hin zu einer passiven Rolle des Individuums, - des Kindes (vgl. Diers 2016: 19 f.). In der Entwicklungspsychologie herrscht mittlerweile Konsens über das handlungstheoretische Paradigma, welches von der Annahme ausgeht, „dass Kontext und Person an der Entwicklung eines Individuums beteiligt sind" (vgl. Fend 2005: 206). So steht auch die Frage nach den guten, d. h. entwicklungsförderlichen Bedingungen für Pflegekinder im Zentrum der Pflegekinderforschung.

Die Frage des Gelingens von Familienpflege beantwortet sich laut Gassmann (2014) erst, wenn aus Pflegekindern Jugendliche und junge Erwachsene geworden sind. Pflegebeziehungen seien vielmehr „von der *Dynamik* und den *Prozessen* beteiligter Systeme abhängig, als von inhaltlichen Zielen" (ebd. 94). Die Autorin betont, dass die Vorstellung von *Gelingen* der individuellen Interpretation der Beteiligten unterliegt und schlägt daher vor, das Konzept der Entwicklungsaufgaben nach Havighurst (1974) zu bemühen. Die Beurteilung der Bewältigung allgemeiner, normativer Entwicklungsaufgaben von Kindern eigne sich, eine objektive Betrachtung der Effekte der Platzierung und Erziehung in der Pflegefamilie vorzunehmen. Havighurst bennannte Aufgaben, die alle Menschen in der Phase der Adoleszenz zu bewältigen haben, nämlich Autonomie von den Eltern zu erlangen, eine eigene Identität in der Geschlechtsrolle zu finden, ein eigenes System von Moral- und Wertvorstellungen aufzubauen und eine eigene Zukunftsperspektive zu entwickeln (vgl. ebd.). Gassmann ergänzt diese um pflegekindspezifische Entwicklungsaufgaben, die mit den Besonderheiten des Aufwachsens als Pflegekind in Zusammenhang stehen:

- die Gestaltung einer als unterstützend und wohlwollend eingeschätzten Beziehung (Bindung) zu den Pflegeeltern und Orientierung im veränderten sozialen Umfeld,
- die Zufriedenheit damit, ein Pflegekind zu sein und die sichere Identitätsbildung als Pflegekind,
- der Umgang mit zwei Familien und die Bewältigung von Loyalitätskonflikten und
- die Gestaltung der Beziehung (des Bezugs) zu den leiblichen Eltern oder die Aufarbeitung der biografischen Erfahrung (Gassmann 2010: 326).

Da diese Aufgaben von heranwachsenden Pflegekindern in der Phase der Adoleszenz zusätzlich zu den allgemeinen Entwicklungsaufgaben gemeistert werden müssen, benötigen sie Unterstützungsressourcen, die über jene der Pflegefamilie hinausgehen (vgl. Reimer/Petri 2017: 23).

3.3 Die Vulnerabilität des Pflegekindes

Der Begriff „Vulnerabilität" hat in den letzten Jahren, wie auch der mit ihm korrelierende Begriff der „Resilienz", eine zunehmende Einbindung in sozialwissenschaftliche Debatten erfahren. Der englische Begriff „vulnerability" kann mit „Verwundbarkeit" übersetzt werden. Pomey (2017: 269) bezieht sich auf empirische Befunde von Spini et al. (2013, zit. nach ebd.), die das theorie- und praxisrelevante Phänomen der Vulnerabilität von Kindern untersucht und damit das Vulnerabilitätskonzept systematisiert und weiterentwickelt haben. So wird Vulnerabilität als soziales Phänomen und gleichsam als sozialer Prozess verstanden, welches sich auf „sozialer, generationaler und subjektiver Ebene in gesellschaftlichen Strukturen, Interaktionen und Beziehungen" (ebd.) widerspiegelt, die von Unsicherheit, Ungleichheit und Unterlegenheit geprägt sind.

Fremdunterbringungsprozesse weisen unsichere Momente auf, die Kinder doppelt vulnerabel machen, zum einen kontextbedingt, zum anderen aufgrund der generationalen Unterlegenheit des Kindes. Vulnerabilität bleibt jedoch meistens latent und ist aus diesem Grund schwierig zu reflektieren, auch wenn ihr Indikatoren, wie soziale Unsicherheit einhergehend mit Kontrollverlust, einem Mangel an Ressourcen und soziale Verletzbarkeit zugeschrieben werden können (vgl. ebd.: 270).

In Anlehnung an eine repräsentative Stichprobe fremdplatzierter Kinder in der Schweiz, kann von einer „psychisch und psychosozial extrem belasteten Population" gesprochen werden, denn dort berichten 80 Prozent der Jugendlichen und jungen Erwachsenen von mindestens einem, fast die Hälfte der Jugendlichen von mehr als drei traumatischen Erlebnissen. In den Biografien fremdplatzierter Jugendlicher sind überdurchschnittlich häufig „Trennungen der Eltern, psychische Erkrankungen und Suchterkrankungen der Eltern, Tod eines Elternteils und niedriger sozialer Status" zu finden. Wie bereits ausgeführt, gelten diese als Risikofaktoren für eine psychische Auffälligkeit der Kinder, insbesondere wenn mehrere dieser Faktoren akkumulieren (vgl. Friedrich/Schmid 2014: 26). Gleichfalls spielt die Entwicklungsphase, in der sich das Kind befindet, eine Rolle. Sogenannte Übergänge (Transitionen), wie z. B. der Übergang von Kindergarten zu Schule oder die Phase der Pubertät fordern Kinder zusätzlich, so dass gleichzeitig auftretende risikoerhöhende Situationen psychische Fehlentwicklungen begünstigen (vgl. Petermann et al. 2004).

Pomey (2017) konnte anhand der empirischen Rekonstruktion der Entscheidungsprozesse im Rahmen von Fremdunterbringungen nachweisen, dass Vulnerabilität auch in spezifischen Momenten des Hilfeverlaufs bedeutsam wird, wenn Kinder durch ihre „asymmetrische, institutionell und sozial benachteiligte Position" erneute Verletzung erfahren (vgl. ebd.: 270 f.). Auf der ideologischen Ebene geschieht dies bspw. wenn Idealisierung und Dämonisierung der „ersten" Eltern in Opposition zueinander stehen.

Vulnerabilität nicht als statische Eigenschaft verstanden, sondern stets in Abhängigkeit von Beziehungsverflechtungen und Machtungleichgewichten (Erwachsene*r - Kind), führt die Autorin zu der Schlussfolgerung, dass die Sozialpädagogik eine doppelte Perspektive einzunehmen habe, aus der Eltern-Kind- als auch aus der Professionelle-Kind-Konstellation (vgl. ebd.).

Der Übergang in eine Pflegefamilie stellt einen zentralen Einschnitt in das Leben und Erleben der Kinder dar. Zudem belegen mehrere Studien, dass die Partizipationsmöglichkeiten der Kinder durch die professionellen Beteiligten bei der Vermittlung bzw. beim Übergang sehr eingeschränkt sind. Dies, so Reimer (2017: 31), erschwere den Übergangsprozess und schränke die Selbstwirksamkeitserfahrungen[11] der Kinder ein.

Dies wird durch die Forschungsergebnisse aus Erzählungen ehemaliger fremdplatzierter Kinder bestätigt, auf denen Caroline Leesons (2007) Erkenntnisse basieren. So sei die Entwicklung von Gefühlen der Hilflosigkeit, niedrigem Selbstwert und mangelndem Selbstbewusstsein darin begründet, dass den jungen Menschen im Laufe des Hilfeprozesses keine ausreichende Gelegenheit gegeben wurde, sich an den Entscheidungen für ihr Leben mit zu beteiligen.

> "Adults who seek to protect children in care tend to see them as especially vulnerable. This can create a situation where their voice is not heard and possibly render them more vulnerable, as they are not represented"(vgl. ebd.: 274).

Die besondere Vulnerabilität von Pflegekindern liege demnach bereits in der Konstruktion des verletzlichen, schutzbedürftigen Kindes als Schlussfolgerung aus seinen „Verletzungen" vor seiner Inpflegenahme. Ihre hierdurch geschwächte Position

---

[11] „Das Konstrukt Selbstwirksamkeit wird von dem kanadischen Psychologen Albert Bandura (1977/1997) als wesentlicher Aspekt seiner sozial-kognitiven Lerntheorie formuliert. Selbstwirksamkeitserwartung (self-efficacy expectancy), auch als Kompetenzerwartung bezeichnet, meint die subjektive Überzeugung, aufgrund von persönlichen Kompetenzen eine schwierige Situationen durch eigenes Handeln erfolgreich bewältigen zu können" (Geene et al. 2013: 28).

führe wiederum dazu, dass ihnen keine Stimme gegeben und ihre Vulnerabilität somit verstärkt werde.

Sophie Künstler (2015) entwickelt den Gedanken der diskursanalytisch informierten Betrachtung weiter, indem sie daraus ihre Forderung ableitet, dass der Konstruktionscharakter von Vulnerabilität ernst genommen werden müsse, „insoweit, als dass es immer auch um die Wahrnehmung der Betroffenen hinsichtlich ihrer Verletzbarkeit geht" (ebd.: 185).

Pomey (2017) hält das Vulnerabilitätskonzept unter sozialpädagogischem Aspekt für analytisch besonders tragfähig, da es soziale Bedingungen, Strukturen und Institutionen in den Blick nimmt, während sich die reine Einschätzung von Kindeswohlgefährdung auf das einzelne Kind und seine physisch-psychische Integrität beschränkt.

> „Kindeswohlgefährdung ist mit Interventionen des Kinderschutzes verbunden. An diesem Konzept orientierte Maßnahmen greifen in Familien ein, ohne die sozialen Bedingungen von kindlichem Aufwachsen mitzudenken. Verletzbarkeit hingegen fragt zudem nach bedrohlichen, verunsichernden und vulnerablen Situationen, Bedingungen und Konstellationen" (ebd.: 30).

Dennoch stellt sich Gassmann (2010: 25) gegen eine Pathologisierung von Pflegekindern. Man solle sich weniger der Frage zuwenden, ob Pflegekinder verletzt, belastet oder ganz allgemein „schwierig" seien, sondern eher die Balance von Belastung und Ressourcen in den Blick nehmen. Diese betreffe einerseits den Leidensdruck des Kindes und der Pflegefamilie und andererseits die Ressourcen der Pflegefamilie und des Kindes. Aus diesem Verhältnis ergebe sich dann die Antwort auf die Fragen, wie und inwiefern eine Bewältigung der wichtigsten (pflegekindspezifischen) Entwicklungsaufgaben erfolgen kann (vgl. ebd.).

3.4 Resilienz von Pflegekindern

Mit der Anerkennung einer besonderen Vulnerabilität von fremdplatzierten Kindern stellt sich alsdann die Frage, wie dieser von Seiten der Sozialpädagogik Rechnung getragen werden kann. Zum einen liegt diese Verletzbarkeit in den Erfahrungen der Kinder vor der Inpflegenahme begründet, zum anderen ergibt sie sich aus den Bedingungen und Konstellationen mit denen sie in der Folge konfrontiert werden. Für die Fachkräfte sind diese bis zu einem bestimmten Grad hinzunehmen und entziehen sich zum Teil ihrem Einflussbereich, welches sich allein aus der Selbstbestimmtheit und Privatheit des familiären Pflegesettings erklärt.

Manchen Menschen gelingt es trotz widrigster Umstände, Krisen oder traumatische Erlebnisse zu bewältigen, ohne schwerwiegende psychische Schäden davonzutragen. Bei diesen Personen wird von resilienten Persönlichkeiten gesprochen. Vielleicht könnte hier die Antwort auf die Frage nach Unterstützungsmöglichkeiten für besonders verletzbare, also vulnerable Kinder zu finden sein. Wäre es wünschenswert die Resilienz von Pflegekindern zu fördern, damit diese ihr Schicksal besser meistern können? Oder verführt diese Idee dazu, die Veränderung ungünstiger Sozialisationsbedingungen zugunsten rein individuumsorientierter Strategien aufzugeben, so wie Wieland (2011: 181 f.) zu denken gibt. Dies mag für Kinder in schwierigen soziokulturellen Milieus zu befürchten sein, aber Pflegekindern bietet man ja in der Regel eine neue Chance, mit dem Angebot in einer vermeintlich „besseren" Familie aufzuwachsen, so die Pflege auf Dauer angelegt ist.

Die Entdeckung des Phänomens der Resilienz, dessen Begriff auf die englische Bedeutung von „resilience" zurückzuführen ist, nämlich die Eigenart eines Körpers in seine Ursprungsform zurückzukehren, geht auf die amerikanische sozialwissenschaftliche Forschung in der Mitte des letzten Jahrhunderts zurück, als Emmy E. Werner, Smith, Anthony u. a. entwicklungspsychopathologische Studien zu Kindern in Risikolagen unternahmen und zu der überraschenden Feststellung kamen, dass sich ein Teil der Kinder, trotz großer sozialer und psychischer Belastungen gesund entwickelten.

Da eine einheitliche Definition von Resilienz bislang nicht gelungen ist, einigte man sich im Rahmen des internationalen Resilienzprojekts (IRP) auf eine Begriffsbestimmung, die unter Berücksichtigung der Fachliteratur zum Thema zustande kam:

> „Resilienz ist eine universelle Eigenschaft, die es einer Person, Gruppe oder Gemeinschaft erlaubt, schädigenden Auswirkungen von bedrohlichen Notsituationen vorzubeugen, sie zu minimieren oder zu überwinden" (Grotberg 2011: 51).

Diese Sichtweise auf Resilienz unterscheidet sich insofern von der oft zitierten Definition von Wustmann (2004: 18), die allein von der Widerstandsfähigkeit von Kindern gegenüber biologischen, psychologischen und psychosozialen Entwicklungsrisiken spricht, als sie die aktive Rolle des Individuums im Bewältigungsprozess betont. Die Widrigkeiten werden nicht einfach nur schadlos „ausgehalten", sondern es stehen Kompetenzen zur Verfügung, dies es ermöglichen, in das Geschehen aktiv einzugreifen, bzw. es (ggfs. bereits im Vorfeld) zu beeinflussen.

Es wäre also von erkenntnisleitendem Interesse, wie ein Pflegekind nicht nur stark oder widerstandsfähig wird, sondern wie und wodurch es befähigt werden könnte, sich Hilfe zu holen, womöglich aufzubegehren oder andere Schritte zu unternehmen, die es für sich selbst für sinnvoll erachtet.

Verstehen wir Resilienz, ähnlich wie die Vulnerabilität, als Ergebnis von Bewältigungs- und Anpassungsprozessen, die darüber hinaus Handlungskapazitäten freisetzt, so kann sie als Teil der „Entwicklung als Lebenslaufthema" (Mey 2013: 170) begriffen werden, die im Jugendalter ihren Höhepunkt erfährt. Auch „Entwicklung" (Erikson 1993), strukturiert sich, wie die Resilienz, entlang (psychosozialer) Krisen, deren Lösbarkeit Einfluss auf den weiteren Lebensverlauf und die kommenden Aufgaben nimmt (vgl. ebd.). Überträgt man dies auf die Situation von Pflegekindern, sollte von Seiten der Sozialpädagogik besonderes Augenmerk auf deren Befähigung zur erfolgreichen Bewältigung der pflegekindspezifischen Entwicklungsaufgaben gelegt werden.

Die besonderen Aufwachsbedingungen fremdplatzierter Kinder scheinen sich auch in ihren Identitätskonstruktionen widerzuspiegeln, als Ergebnis von Bewältigungs- und Anpassungsprozessen. Hübsch et al. (2014) interviewten 13 vormals in professionellen Lebensgemeinschaften untergebrachte Jugendliche und junge Erwachsene. Sie konnten vier verschiedene Selbstkonzepte identifizieren, die spezifische Deutungs- und Handlungsmuster aufweisen und gleichsam auf die „dominierenden ‚Lebensthemen' der jungen Erwachsenen" verweisen:

- Suche nach Normalität

- Drang nach Freiheit

- Kampf um Anerkennung

- Lenkung von außen (ebd.: 191).

Ohne im Detail auf die einzelnen Konzepte einzugehen, ist für die Frage nach der Resilienz die Tatsache bemerkenswert, dass die Vertreter*innen der ersten drei Kategorien sich trotz der vielfältigen biographischen Brüche und Instabilitäten als Gestalter*innen ihres eigenen Lebensweges wahrnehmen und kommunizieren zudem jeweils „ein individuelles Spektrum an konkreten Handlungspotenzialen" (ebd.). Das sich selbst erklärende Konzept „Lenkung von außen" ist davon geprägt, dass die Vertreter*innen sich „sowohl retrospektiv als auch in der gegenwärtigen Selbsteinschätzung noch immer eher als passiv und zurückgenommen verorten sowie bis dato kein antreibendes und sinnstiftendes ‚Lebensthema'" (ebd.) für sich erkennen können. Die Verknüpfung zwischen der Erfahrung von außen gelenkt, also im Grunde an Prozessen, die ihr Leben betreffen nicht beteiligt worden zu sein und der im weiteren Lebensverlauf beschriebenen Perspektivlosigkeit könnte ein weiteres Indiz für die Relevanz beteiligender Arbeit mit jungen Menschen im Hilfeprozess der Vollzeitpflege sein.

3.4.1 Resilienzfaktoren

Bis zu den 1970er Jahren fokussierte sich die Forschung in der Entwicklungspsychologie auf Risikoeinflüsse für die Entwicklung von Kindern und Jugendlichen. Fröhlich-Gildhoff und Rönnau-Böse (2011) beziehen sich auf die Mannheimer Risikokinderstudie, wenn sie konstatieren, dass vor allem psychosoziale Stressoren zu ungünstigen Entwicklungsverläufen führen. So beeinträchtigen Stressoren, wie z. B. elterliche Trennung, Erziehungsdefizite, Desinteresse gegenüber dem Kind oder außerfamiliale Unterbringung die kognitive und sozio-emotionale Entwicklung in einem deutlich stärkeren Maße, als primäre, kindbezogene Vulnerabilitätsfaktoren, wie z. B. chronische Erkrankungen, schwierige Temperamentsmerkmale oder geringe kognitive Fähigkeiten (vgl. ebd.: 20 f.).

Die empirische Säuglings-, Bindungs- und Lernforschung beförderte eine neue Sichtweise, fort von der bisherigen Defizitorientierung, hin zu einer verstärkten Beachtung von Ressourcen und Schutzfaktoren von Kindern (vgl. ebd.: 19). Das Resilienzkonzept würdigt den Einfluss risikomindernder Faktoren auf die Auswirkungen risikofördernder Bedingungen und folgt hiermit der Theorie der Salutogenese des israelisch-amerikanischen Medizinsoziologen Aaron Antonovsky (1997) in Hinblick auf Entstehung von Gesundheit trotz gesundheitsgefährdender Einflüsse. Er identifizierte sogenannte „generalisierte Widerstandsressourcen", die es potenziell ermöglichen, Belastungen konstruktiv zu bewältigen. Diese befinden sich auf verschiedenen Ebenen, wie auf der körperlichen (z. B. Immunsystem), der personalen und psychischen (z. B. Gesundheitswissen), auf der interpersonalen (z. B. soziale Unterstützung), auf der soziokukturellen (z. B. Eingebundensein in stabile Kulturen) und der materiellen (z. B. Wohnraum). Ihr alleiniges Vorhandensein reicht jedoch nicht aus, um ihre positiven Kräfte zu entfalten. Ressourcen müssen erkannt, aktiviert und förderlich eingesetzt werden. Zu diesem Zweck bedarf es eines Grundgefühls der aktiven Handlungs- und Bewältigungsfähigkeit, welches als Kohärenzsinn bezeichnet wird. Dieser ist wiederum abhängig von ausreichend vorhandenen, generalisierten Widerstandsressourcen. Die zentrale Dimension des Kohärenzgefühls umfasst drei Komponenten:

- „Das Gefühl der Verstehbarkeit der Welt. Dies beinhaltet ein Gefühl des Vertrauens, dass Ereignisse oder Entwicklungen kalkulierbar und erklärbar sind.

- Das Gefühl der Handhabbarkeit. Dies bezieht sich darauf, dass verfügbare Ressourcen wahrgenommen werden, mit denen Schwierigkeiten und Anforderungen bewältigt werden können.

- Das Gefühl von Sinnhaftigkeit und Bedeutsamkeit. Dies beinhaltet, dass das Leben als sinnvoll empfunden wird und Schwierigkeiten und Anforderungen als Herausforderungen, für die es sich zu engagieren lohnt, wahrgenommen werden" (Geene et al. 2013).

Ausgestattet mit Kohärenzsinn, erlebt der Mensch seine Lebensbedingungen als aktiv gestaltbar. Somit stellt es ein Steuerungsprinzip dar, das es ihm je nach Anforderung ermöglicht, unterschiedliche Bewältigungsressourcen einzusetzen.

Beurteilt man den Entwicklungsverlauf eines Kindes, sind demnach, neben den Risikofaktoren, auch die schützenden (protektiven) Faktoren zu berücksichtigen, da von ihnen mitunter abhängt, ob und inwiefern sich die potentiell schädigenden Einflüsse negativ bemerkbar machen. Rutter (1990) definiert Schutzfaktoren folgendermaßen:

> „Schutzfaktoren werden als Merkmale beschrieben, die das Auftreten einer psychischen Störung oder einer unangepassten Entwicklung verhindern oder abmildern sowie die Wahrscheinlichkeit einer positiven Entwicklung erhöhen".

Gerade in der Pflegekinderthematik, in der die (Ab-)Wendung eines meist ungünstig prognostizierten Entwicklungsverlaufs angestrebt wird, ist die Frage nach Faktoren, die diese befördern können, unabdingbar und essentiell.

Wissenschaftliche Analysen stellen nach Wustmann (2004) sechs zentrale Schutzfaktoren voran, die maßgeblich an der Entwicklung von Resilienz von Kindern beteiligt sind. Hierzu gehören:

- Selbstwahrnehmung
- Selbststeuerung
- Selbstwirksamkeit
- Soziale Kompetenz
- Umgang mit Stress
- Problemlösekompetenz

Selbstwahrnehmung meint, die eigenen Emotionen, Eigenschaften und persönliche Ausstrahlung wahrnehmen und realistisch einschätzen zu können (vgl. Fröhlich-Gildhoff/Rönnau-Böse 2011: 43 ff.). Bezeichnend für resiliente Kinder ist, dass sie ihre Gefühlszustände selbstständig regulieren bzw. kontrollieren können (Selbststeuerung). Hierzu gehört das (unbewusste) Wissen über hilfreiche Strategien und Handlungsalternativen, um sich z. B. selber zu beruhigen. Sie wissen, an wen sie sich wenden können, um Hilfe zu holen. „Resiliente Kinder haben gelernt, innere Anforderungen zu bewältigen und ihnen zu begegnen" (ebd.). Darüber hinaus stärkt resiliente Kinder die Gewissheit, dass sie mit ihrem Handeln bestimmte Dinge bewegen können. Sie sind sich ihrer Stärken und Fähigkeiten bewusst und wissen wie sie diese einsetzen können, um bestimmte Ziele zu erreichen. Dieser Glaube an die eigene Selbstwirksamkeit, lässt diese Kinder ihre erprobten Strategien auf andere Situationen übertragen (vgl. ebd.). Die sogenannte internale Kontrollüberzeugung ist eine direkte Konsequenz aus Selbstwirksamkeitserfahrungen von Menschen, d. h. eine Überzeugung nimmt Raum, in der Lage zu sein, Situationen zu kontrollieren. Das Erleben von Kindern in Pflegeverhältnissen ist oftmals dieser Erfahrung beraubt, da ihre Situation von Fremdbestimmung geprägt ist. Aus diesem Grund ist hier ein Ansatzpunkt für die Steigerung der Resilienz dieser Kinder zu sehen.

In Hinblick auf die sozialen Kompetenzen, zeichnen sich resiliente Kinder neben ihrer Empathiefähigkeit dadurch aus, dass sie auf andere Menschen zugehen, soziale Situationen einschätzen, sich selbst behaupten und Konflikte lösen können (vgl. ebd.). Gleichfalls zeigen sich die Stärken resilienter Kinder in ihrem Umgang mit Stress und Problemen. So gehört Stressbewältigung zum Bereich der Emotionsregulation und erfordert ein adäquates Einschätzen der Situation. „Wo sind meine Grenzen? Brauche ich Hilfe und wo hole ich sie mir her?" sind Fragen, die sich ein resilientes Kind stellt. Die Situation wird im Anschluss reflektiert und bewertet. Resiliente Kinder verfügen über den Mut, Probleme direkt anzugehen und verschiedene Lösungsmöglichkeiten zu entwickeln (vgl. ebd.).

Die erläuterten Kompetenzen, die Kinder auszeichnen, die als resilient einzustufen sind, beruhen auf Lernerfahrungen, die in sozialer Interaktion entstehen. Hier genau liegt die Chance, aber auch das Risiko. Wie bereits ausführlich beschrieben, führen Deprivationserfahrungen zu inneren Arbeitsmodellen, die die Entwicklung der Resilienzfaktoren beeinträchtigen können.

Umso wichtiger ist es, vulnerablen Kindern die „von Haus aus" mit wenig Resilienzentwicklungsmöglichkeiten ausgestattet sind, Raum für Erfahrungen zu bieten, die es ihnen ermöglichen, diese Entwicklungsrückstände aufzuholen.

3.4.2 Bedeutung sozialer Ressourcen für Pflegekinder

Wie beschrieben impliziert das Resilienzparadigma einen Perspektivwechsel fort von einem Defizit- hin zu einem Ressourcen- und Kompetenzmodell. Im personzentrierten Ansatz nach Rogers (1991) steht in der Arbeit mit den Klienten die Aktivierung der Ressourcen im Vordergrund. Die Grundannahme, dass das Individuum bereits vielfältige Voraussetzungen in sich trägt, um das Selbstkonzept zu ändern, ist Basis des Konzepts, das in der „Beziehung" den Schlüssel zur Persönlichkeitsentwicklung sieht. So wundert es nicht, dass Wustmann (2004) den sozialen Ressourcen einen „schützenden" Charakter zuschreibt, wenn es um Faktoren geht, die Entwicklungsrisiken abzumildern oder zu verhindern vermögen. Wie die bisherige Resilienzforschung ergab, verfügten die meisten der als resilient eingestuften Kinder über mindestens eine warme, emotionale Beziehung zu einer Person, die nicht unbedingt aus der unmittelbaren Familie stammen muss.

Dennoch ist anzumerken, dass vergleichende Untersuchungen zu Resilienz von lateinamerikanischen Kindern unter dem Aspekt der Bedeutung von Gewalterfahrungen und Vernachlässigung von Cicchetti und Rogosch (1997) ergaben, dass der in der Regel resilienzfördernde Faktor der Beziehungen, bei gewaltgeschädigten oder vernachlässigten Kindern weniger zum Tragen komme. So zeige sich, dass im Vergleich zu nicht-traumatisierten Kindern, misshandelte Kinder zur Überwindung und Bewältigung von Krisen weniger auf Bezugspersonen zurückgreifen. Bei diesen Kindern seien die inneren Ressourcen, wie Selbstvertrauen und die Fähigkeit zur Emotionsregulation daher von umso größerer Bedeutung (vgl. Flores et al. 2005: 347).

Aus der klinischen Entwicklungspsychologie (Kap. 3.1) haben wir gelernt, dass diese Tatsachen auf die unsicheren Bindungsrepräsentationen deprivierter Kinder zurückzuführen sind, die nicht selten zu Bindungsstörungen führen. Die Frage, die sich hierbei jedoch stellt ist: standen diesem Personenkreis ältere, kluge und wohlwollende Berater*innen, auch Mentor*innen genannt, zur Verfügung? Hiermit sind Menschen gemeint, die für Kinder, Jugendliche und junge Erwachsene eine wegweisende und beratende, evtl. auch fordernde Funktion ausüben. In den klassischen Langzeitstudien zum Resilienzphänomen wurden im Lebenslauf von Kindern, die als resilient eingestuft wurden, immer wieder Lehrer, Betreuer oder

Verwandte identifiziert, die sich durch diese Merkmale auszeichneten (Fingerle 2011). Es kann vermutet werden, dass gerade für Pflegekinder, Mentor*innen eine wichtige Ressource darstellen können. Die Abhängigkeit des Pflegeverhältnisses von äußeren Umständen, wie z. B. den Entscheidungen des Pflegekinderdienstes, den Forderungen der leiblichen Eltern, den Befindlichkeiten der Pflegeeltern oder deren leiblicher Kinder, stellt Pflegekinder mitunter auf ein unsicheres soziales Fundament. Die Verlässlichkeit der Beziehungen ist nicht in der Form gewährleistet, wie es in einer herkömmlichen Familie der Fall ist, in der man nicht nur sozial, sondern auch biologisch verbunden ist. Umso bedeutsamer können, davon ist auszugehen, andere Akteur*innen sein, die dem jungen Menschen zugewandt sind und wahres Interesse an seiner Person zeigen.

3.4.3 Förderung der Resilienz

Die Widerstandsfähigkeit von Menschen, die oft mit Resilienz gleichgesetzt wird, fördern zu wollen, scheint zunächst ein wünschenswertes Ziel zu sein. Die erforderlichen Ressourcen müssten lediglich ausgebaut werden, dann werde sich die Resilienz schon einstellen. Fingerle (2011) warnt jedoch vor einer simplen „Resilienztechnologie", denn Resilienz setzt einen relativen und dynamischen Ressourcenbegriff voraus, "der in unendlich vielen denkbaren Konstellationen entsteht" (ebd.). Folgt man Wielands kritischem Verständnis von erstrebenswerter Resilienz, kann das vorrangige Ziel von Resilienzförderung nicht Stressimmunisierung sein, sondern das Erlernen von Emotionsregulationsstrategien, die vor allem dem Umgang mit Angst dienen (vgl. Wieland 2011: 204 f.). Risikokinder, also jene Kinder, „deren Lernfähigkeit und -bereitschaft durch das Erleben existenzieller Einschränkungen beeinträchtigt ist" (ebd.) und zu denen ohne Frage auch Pflegekinder zählen, stehen im Fokus der Resilienzdebatte. Für sie benennt Wieland zwei Ansätze für die Förderung der Resilienz:

- *„Die Reduktion existenzieller Einschränkungen durch praktische und soziale Hilfen*

  Solche Hilfen ermöglichen diesen Kindern die Bewältigung anstehender Anforderungen, indem sie deren Schwere reduzieren und Erfolgserlebnisse wahrscheinlicher machen. Sie reichen von materieller Versorgung bis hin zu Bindungsangeboten, werden aber zu Resilienzförderung nur dann, wenn die Bewältigungserfolge, welche die Kinder erzielen, ihnen auch so zur Aneignung vermittelt werden, dass sie daraus eine Verbesserung ihrer Kontrollüberzeugung ableiten können [...].

- *die Vermittlung von angstreduzierenden Selbstregulationsstrategien*

    Dabei geht es um Analysen der beängstigenden Situation und eine starke Akzentuierung möglich vieler unterschiedlicher Bewältigungsstrategien. Die Resilienzförderung folgt insofern den Grundsätzen ressourcenorientierter Arbeit und spezifiziert diese durch explizite Betonung von Angstbewältigungsstrategien. Es handelt sich also schlicht um Ermutigung und Hinweise, wie man sich selbst in Notfällen Mut zusprechen kann" (ebd.).

Diese Ansätze für Resilienzförderung konzentrieren sich somit auf den Ausbau internaler Steuerung und nicht auf die Bewältigung sozialer oder sachlicher Anforderungen. Hier sind Eltern, Pädagogen und Therapeuten gefordert.

Benard (2004) hingegen schlägt vor, dass ein Kind lediglich die Erfahrung liebevoller Beziehungen, großes Zutrauen in seine Fähigkeiten und Gelegenheiten zu Beteiligung und Eigenleistung benötige, um Resilienz auszubilden. Die Handlungsoptionen für Resilienzförderung, die sich aus diesen auf den ersten Blick in ihrer Simplizität frappierenden Voraussetzungen ableiten lassen, sind bei näherer Betrachtung vielfältig. Erweitert man das Spektrum der Beziehungen um „wichtige" oder relevante Bezugspersonen, die Großvater oder Fußballtrainer*in sein können oder aber auch die zuständige Fachkraft im Pflegekinderdienst, eröffnen sich ganz andere Möglichkeiten, das Kind in seiner Resilienzentwicklung unterstützend zu begleiten. Der Fokus in diesem Ansatz liegt auf den interpersonalen Erfahrungen.

Das Selbstvertrauen des Kindes ist abhängig von den Entfaltungsmöglichkeiten, die ihm von den Erwachsenen gewährt und welche Leistungen ihm zugetraut werden. Aufgrund des generationalen Gefälles entscheidet in der Regel der/die Erwachsene, inwieweit sich das Kind beteiligen kann. Die Beziehungen des Kindes zu seinen erwachsenen Bezugspersonen stehen somit im direkten Zusammenhang mit seinen Selbstwirksamkeitserfahrungen und folglich mit seinen Kontrollüberzeugungen.

3.4.4 Beteiligung und Resilienz

Unternimmt man den Versuch, einen Zusammenhang zwischen der Beteiligung von Kindern an Hilfeprozessen der Jugendhilfe und ihrer Resilienzentwicklung herauszuarbeiten, kommt man nicht umhin, Beteiligungsprozesse genauer zu analysieren und die ihnen inhärenten Chancen und Risiken in Hinblick auf Effekte für die Resilienz der betroffenen Kinder gegeneinander abzuwägen.

Die Beteiligung oder eben Nicht-Beteiligung des Kindes geschieht in Interaktion zwischen den Akteuren, die in diesem Prozess in Beziehung zueinander treten. Auch wenn diese zunächst auf funktionaler Ebene stattfindet, werden über die verbale sowie non-verbale Kommunikation Haltungen erkennbar, die sich auf die weitere Beziehungsentwicklung auswirken. In dieser Argumentation soll darauf abgezielt werden, dass für die Ausbildung von Resilienz in diesem Kontext nicht nur die Subjektstellung des Kindes, mit allen daraus folgenden Konsequenzen der Beteiligung, sondern gleichfalls seine Beziehung zur fallzuständigen Fachkraft von Bedeutung ist.

Die zentrale Rolle der Beziehung als Konzept und in ihrer Bedeutung für die Praxis, wird in den wissenschaftlichen Arbeiten zur Resilienzförderung seit langem anerkannt. Als Konzept verstanden, findet es seinen Ausdruck in einem pädagogischen Prinzip, das Beziehungen zwischen Fachkräften, wie Sozialpädagogen, Psychologen und Lehrern einerseits, und den Jugendlichen andererseits betrifft (Steinebach/Gharabaghi 2013: 23). Dieses ist durch Engagement geprägt, das nicht nur vom Erzieher auf den Jugendlichen gerichtet sein sollte. Es ist auch wichtig, dass sich der Jugendliche auf den Erzieher hin engagiert. Diese Gegenseitigkeit von Engagement wird oft vernachlässigt.

> „Erzieher betonen in ihrer Beziehung zu Jugendlichen zumeist nur ihre eigenen Initiativen. Damit wird das Prinzip Engagement zu einer Art Kontrolle verzerrt: Der Jugendliche soll sich an die Initiativen der Fachkräfte anpassen. Die Gelegenheit für den Jugendlichen, selbst die Initiative zu ergreifen und so z.B. auch seine Beziehungen zu den Fachkräften aktiv zu gestalten, geht verloren" (ebd.: 24).

Auch wenn die Autoren sich mit diesem Beitrag auf Erziehungshilfe im Jugendalter beziehen, finden diese Beobachtungen Parallelen in den Praxen der Pflegekinderdienste, betrachtet man die bereits erwähnten Interviewergebnisse ehemaliger Pflegekinder (Reimer/Wolf 2010).

Da sich Kind und Fachkraft im Verlauf des Hilfeprozesses in unterschiedlichen Situationen begegnen, bedarf es einer Differenzierung hinsichtlich Zeit, Ort und Umständen. Im ersten Kontakt, nimmt das Kind die Person vom Jugendamt womöglich zunächst nur in ihrer Rolle wahr, die Unterbringung zu koordinieren und sachliche Fragen zu klären. Zu diesem Zeitpunkt ist zumeist noch völlig offen, ob das getroffene Arrangement auf Dauer angelegt ist. Die Fachkraft des Pflegekinderdienstes muss ihren Fokus während der ersten Zeit der Inpflegenahme auf die Betreuung der neuen Pflegeeltern legen, um sicherzustellen, dass diese ihre Aufgabe zuverlässig wahrnehmen. Versucht man diese Abläufe aus der Sicht des Kindes zu betrachten, wird schnell erkennbar, dass sich dieses bis zum Zeitpunkt des ersten Hilfeplangesprächs (§ 36 SGB VIII), vermutlich mehr als Zuschauer*in erlebt, denn als Beteiligte*r.

Zeichnet es sich ab, dass das Pflegeverhältnis auf Dauer angelegt ist, bleibt die Rolle der Fachkraft vielfältig und dabei nicht eindeutig: zum einen „Vermittler*in zwischen zwei Familien, parteiliche*r Akteur*in zu Gunsten des Pflegekindes und fachliche*r Begleiter*in der Pflegeeltern" (Kuhls et al. 2014: 18). Dies erfordert ein Verständnis für alle Standpunkte, die sehr differieren können. Den erwachsenen Beteiligten, nämlich leiblichen Eltern und Pflegeeltern gelingt es, ihre Bedürfnisse und ihre Themen bzgl. des Kindes gegenüber der Fachkraft zu kommunizieren, weil ihnen (mehr oder weniger) die notwendigen Kulturfähigkeiten zur Verfügung stehen. Allzu leicht entstehen dadurch Routinen, in denen über das Kind, aber nicht mit ihm gesprochen werden. Erwachsene schließen Allianzen untereinander, möglicherweise da mehr Gemeinsamkeiten existieren oder schlicht, weil man sich in der Sorge um das Kind in seiner Vulnerabilität vereint sieht.

Leeson (2007) zitiert Hendrick (2003) und Alderson (2004), wenn sie erläutert, dass Erwachsene Kinder durch bestimmte Linsen sehen, nämlich, das Kind, das Schutz bedarf; das Kind als Bedrohung; das Kind, das die Zukunft repräsentiert. Die Sichtweise auf das schutzbedürftige Kind prägt die Praxen der Jugendämter. Die Studie der Forscher ergab, dass etliche Fallverantwortliche aus Kindeswohlerwägungen heraus, den Kindern keine Möglichkeit gaben, sich zu öffnen und ihre Wünsche und Gefühle zu äußern. Hinzu kommt eine Angst, dass Kinder falsche Entscheidungen treffen könnten, welches dem risikofeindlichen Duktus der Sozialen Arbeit entspricht. Dies, so Leeson, führt zu der Notwendigkeit, sich mit der Frage auseinanderzusetzen, warum Kindern das Recht, Fehler zu machen, eigene Schlussfolgerungen zu ziehen und daraus zu lernen oder sogar ihre Meinung zu ändern vorenthalten wird (vgl. ebd.: 274).

So gelten junge Menschen, die aufgrund von Gefährdung für ihr Kindeswohl zu Akteuren in Hilfeprozessen des Jugendamtes werden, nicht nur aus diesem Grund als verletzlich und schutzbedürftig, sondern auch weil ihnen fehlende Kompetenz für ihr Leben zugeschrieben wird. Hieraus leitet sich die Ermächtigung des Erwachsenen ab, an der Stelle des Kindes zu handeln. Die britische Kindheitsforscherin Gerison Lansdown (2005) konstatiert: „Indem Kindern die Macht verwehrt wird, Entscheidungen zu treffen oder sich an ihnen umfassend zu beteiligen, werden sie noch verletzlicher gegenüber der Autorität von Erwachsenen gemacht".

Eine weitere Argumentation zu Gunsten der Beteiligung von jungen Menschen im besagten Kontext, findet sich in der Wirkungsforschung. Das Bundesmodellprogramm Wirkungsorientierte Jugendhilfe der Bundesarbeitsgemeinschaft Landesjugendämter (BAGLJÄ 2015) arbeitete heraus, dass sich das Partizipationsempfinden von Kindern oder Jugendlichen im Hilfeplangespräch – d.h. die Frage, „ob sie sich wirklich beteiligt fühlen" – als ein direkter Faktor für die Gelingenswahrscheinlichkeit der Hilfen herausgestellt. „Jugendhilfe ist also umso wirksamer, je stärker die Kinder und Jugendlichen ihre Interessen in die Hilfeplanung einbringen können und diese auch berücksichtigt werden" (ebd.: 21). Die Notwendigkeit der Wirkungsmessung leitet die Bundesarbeitsgemeinschaft aus der Tatsache ab, dass mehr als ein Drittel der ambulanten und gut die Hälfte der stationären Hilfen zur Erziehung nicht planmäßig enden bzw. es zu einem Abbruch kommt[12] und schlussfolgert aus ihren Ergebnissen einen bedeutenden Weiterentwicklungsbedarf hin zu einer noch beteiligungs- und zielorientierteren Hilfeplanung.

Es kann nicht genug hervorgehoben werden, dass offenbar zwischen der mangelnden Berücksichtigung der Sichtweisen und Wünsche des betroffenen Kindes und ungünstigen Entwicklungen im Pflegeverhältnis, ein direkter Zusammenhang besteht. Ferner kann gemutmaßt werden, dass negative interpersonale Dynamiken in der Pflegefamilie mit dem Grad der grundsätzlichen Pflegekindzufriedenheit in Verbindung stehen.

---

[12] Vgl. Tornow et al. 2012

4 Umsetzung des Kinderrechts auf Beteiligung

Die Kinderrechtskonvention (CRC) zählt zu den Menschenrechtsverträgen mit den meisten Zustimmungen und Ratifizierungen der Geschichte. Zuletzt schloss sich Somalia dem Abkommen im Jahr 2015 an, welches als "important step towards protecting and promoting the rights of all children in the war-torn nation and an explicit commitment towards improving the lives of its youngest citizens" von der UN gewertet wurde (UN News 2015).

Diesen Schritt sind die Vereinigten Staaten bis heute nicht gegangen. Zwar unterzeichnete Bill Clinton 1995 die CRC, doch die Ratifizierung steht weiterhin aus. Diese Situation, so würde man meinen, bedeute, dass die Artikel der Konvention keinen Niederschlag in der Menschenrechtspraxis in den USA finden. Die aktuelle amerikanische Gesetzgebung erlaubt die lebenslange Haftstrafe für Minderjährige, worin die Begründung für die bisherige Weigerung zu vermuten ist. Die CRC zu ratifizieren brächte eine Änderung dieses Gesetzes mit sich, da Artikel 37 Lebensstrafen für Kinder untersagt (Gradia 2015).

Trotz der Rückständigkeit in diesem Bereich, verzeichnen die USA dennoch ein hohes Maß an Berücksichtigung der Kinderrechte in den Praxen des Pflegekinderwesens. So konnten in einem Großteil der Vereinigten Staaten Indikatoren für die Umsetzung der Artikel 12 und 13 der CRC gefunden werden, die die Beteiligungs- und Informationsrechte der Kinder formulieren. Die Möglichkeiten der Beteiligung und die Verfügbarkeit von Information stehen im direkten Zusammenhang. Dieser ergibt sich daraus, dass das Wissen um Beteiligungsrechte nicht vorausgesetzt werden kann, gerade wenn die generationale Unterlegenheit des Kindes mitgedacht wird. Dieser Tatsache stellen sich die Pflegekinderdienste in den USA, indem beinahe flächendeckend Publikationen zu finden sind, die es sich zur Aufgabe gemacht haben, Kinder, die von Inpflegenahmen betroffen sind, ausführlich über ihre Rechte und Pflichten zu informieren. Am Beispiel des Staates North Dakota soll im Folgenden dargestellt werden, wie die Vorbereitung des Kindes auf den Beteiligungsprozess durch diese Methode umgesetzt werden kann.

North Dakota Foster Care Handbook for YOUth (ND YOUth 2016)

Bei der Recherche zu Informationsmaterial für Beteiligte im Hilfeprozess der Vollzeitpflege in Deutschland fällt auf, dass die Adressaten von Broschüren und Handbüchern zu 100 Prozent die Pflegeeltern sind. Weder Herkunftseltern, noch Pflegekindern stehen schriftliche Informationen zur Verfügung. Dies unterscheidet sich zu der Situation in den Vereinigten Staaten. Dort findet sich eine flächendeckende

Praxis der Begleitung von Kindern und Jugendlichen in Pflegeverhältnissen mithilfe ausführlichen Informationsmaterials. Auch wenn sich die Inhalte zumeist an ältere Pflegekinder richten, die bereits lesen können, ist es vorstellbar, dass bestimmte Kernpunkte dieser Broschüren durch Bezugspersonen auch jüngeren Kindern vermittelt werden können. Im Folgenden werden beispielhaft einzelne Themenbereiche benannt und beschrieben, die sich im Handbook for YOUth finden.

Im Anschluss an eine Auflistung aller wichtigen Kontakte und Rufnummern in den Behörden folgt eine Seite, auf der der junge Mensch seine Fragen bezüglich der Vollzeitpflege notieren und später mit seiner/m Fallbeauftragten besprechen kann. Die Verfasser der Broschüre befassten sich im Vorfeld mit möglichen Fragestellungen von Pflegekindern. Diese variieren von, „kann ich meine Familie sehen, während ich in Pflege bin?", bis zu, „mit wem kann ich sprechen, wenn ich meinen Pflegeeltern nicht vertraue?". Diese Liste mit den entsprechenden Antworten zeigt Pflegekindern, dass die sie bewegenden Fragen legitim und nicht ungewöhnlich sind. Die Handhabung schafft Transparenz und Sicherheit. Es fällt die durchgehende Großschreibung der Worte „you" und „youth" auf (YOU; YOUth), die die Subjektstellung der jungen Menschen betont.

Nach einer genauen Erläuterung der verschiedenen Pflegesettings, befasst sich die Broschüre mit dem Thema „Trennung und Verlust". „YOU have the right to feel sad" trägt der Tatsache Rechnung, dass als Folge der Trennung von der Herkunftsfamilie, Trauer ein natürliches Gefühl ist. Auch Wut findet in diesem Kontext ihre Berechtigung, so die Verfasser des Handbuchs. Neben den Empfehlungen, an wen sich das Kind wenden kann, wenn die negativen Gefühle überhand nehmen, finden die Rechte des Pflegekindes erste Erwähnung: „YOU have a right to have your family respected at all times". Der junge Mensch erhält auf diese Art und Weise ordnende Hilfestellung, die dem vermuteten Chaos in seinem Gefühlsleben entgegenwirken kann.

Eine Liste von 16 Rechten des Pflegekindes, die von der Fachkraft und den Pflegepersonen geachtet werden müssen, betrifft zum einen die Ansprüche auf Versorgung, Förderung und Teilhabe sowie Eigentumsrechte, aber auch das Recht auf körperliche und seelische Unversehrtheit. Den Beteiligungsrechten wird eine besondere Bedeutung zugesprochen, wenn gesagt wird: „Have input in your planning, including participating in your Child and Family Team meetings" und „Use your voice if YOU are concerned for your care, safety, plan, or well-being."

Die Tatsache, dass auch andere Kinder von ihren Herkunftsfamilien getrennt in Pflegefamilien leben, wird den Leser*innen des Handbuchs verdeutlicht, indem aktuelle und ehemalige Pflegekinder mit kurzen aufmunternden Erfahrungsberichten zu Wort kommen. Im darauffolgenden Kapitel lernt das Pflegekind, dass es auch Mitverantwortung für das Gelingen des Pflegeverhältnisses trägt, indem es sich am Hilfeprozess beteiligt. Dabei wird die Bedeutung der Kommunikation zwischen ihm und der Fachkraft laufend betont.

Aus den Rechten des Kindes leiten sich die Pflichten der Pflegepersonen ab. Diese beinhalten z. B. den vertraulichen Umgang mit Informationen über das Kind und seine Herkunftsfamilie, Unterstützung des Kindes bei der Bewältigung seiner Situation als Pflegekind oder Fortbildungsangebote anzunehmen, „to best provide care for YOUth". Nachdem die Verantwortungsbereiche des Kindes und der Pflegeeltern definiert wurden, findet sich eine Auflistung der Aufgaben, zu denen die Fachkräfte verpflichtet sind. Die hierin formulierten Verantwortungen, „to build a relationship with YOU to best represent YOU and your interests" und, "to make sure that YOU feel safe at all times" können als besonders aussagekräftig bezeichnet werden, da diese die Bedeutung der Beziehung zwischen Fachkraft und dem anvertrauten Kind verdeutlichen. Darüber hinaus ist das der Aufgabe der Beziehungspflege inhärente Ziel, das Kind bestmöglich zu vertreten, hervorzuheben. Dies demonstriert das anwaltschaftliche Verhältnis zu dem Pflegekind. Das Kind erfährt in einer Situation des Verlorenseins, dass es dort jemanden gibt, der ihm beistehen muss und dessen vorrangige Aufgabe es ist, seine Sicherheit zu gewährleisten. Es kann davon ausgegangen werden, dass das Gefühl der Hilflosigkeit durch diese Information abgeschwächt wird.

Die verbleibenden Kapitel des Handbuches vermitteln praktische Hinweise zu Meldewegen bei Beschwerden, Informationen für junge Erwachsene, die vor der Verselbstständigung stehen und Wissenswertes zu Bildungsförderung.

5 Ansätze für die deutsche Praxis

Beteiligung als fachlicher Handlungsauftrag bezieht sich, wie bereits ausführlich erläutert, nicht nur auf die Personensorgeberechtigten, sondern gemäß § 8 SGB VIII immer auch auf die Kinder und Jugendlichen. Wie zudem eingehend dargelegt wurde, ist das Empfinden der betroffenen Pflegekinder, im Hilfeplanprozess „gehört" zu werden, von besonderer Relevanz für ihre Zufriedenheit in der Pflegefamilie. Die Bundesgemeinschaft Landesjugendämter (BAG LJÄ 2015: 22) hat dies erkannt und folgende Fragen für die Jugendämter zur Überprüfung der eigenen Praxis bei der Umsetzung des Handlungsauftrags formuliert:

- Welche zielgruppenspezifischen Informationsmaterialien über das Hilfeplanverfahren und/oder die Beteiligung für Eltern und Kinder haben wir?

- In welchem Umfang können Eltern und junge Menschen ihre Vorstellungen zur Ausgestaltung der Hilfen einbringen? In welchem Umfang werden diese bei der Entscheidung über die geeignete Hilfeart berücksichtigt? Ist der Umfang angemessen und ausreichend?

- Wie werden Eltern und Kinder vorab über die Inhalte des Hilfeplangesprächs informiert und welche Möglichkeit erhalten sie, ihre Themen einzubringen?

- Welche Methoden und Materialien zur Beteiligung von Kindern und Jugendlichen in verschiedenen Altersstufen setzen wir ein?

- Mit welchen Methoden versuchen wir (kontinuierlich), nicht oder wenig motivierte Eltern und junge Menschen zu beteiligen?

Die Annahme liegt nahe, dass allein die Auseinandersetzung mit diesen Themen ein Hinterfragen der eigenen Haltung in den Allgemeinen Sozialen Diensten auslösen könnte.

Dieser Fragenkatalog könnte durch die Pflegekinderdienste in North Dakota vermutlich problemlos beantwortet werden, da man sich dort offenbar bereits ausführlich mit der Thematik beschäftigt hat, woraus die besagte Informationsbroschüre resultierte.

Neben der Subjektstellung des Kindes in Form einer adäquaten Beteiligung, spielt für die Ausbildung resilienter Merkmale, die Beziehung zu Personen in seinem Umfeld eine Rolle, die eine Mentor*innenfunktion erfüllen können. Auch hier bietet das US-amerikanische Modell eine nachahmungswerte Vorlage. In einem Zuge wird mit dem Handbuch die Informationsvermittlung erreicht. Gleichzeitig wird dem jungen Menschen ein eindeutig personales Angebot gemacht, das zunächst auf eine ganz funktionelle Basis gestellt ist, worin im Übrigen zu keiner Zeit Zweifel herrscht.

Einerseits wird Rollenklarheit dadurch geschaffen, dass benannt wird, dass es der „Job" der Fachkraft ist, für das Kind „da zu sein", während „the child's best interest" an höchste Stelle zu setzen ist. Gleichzeitig erfährt der junge Mensch, was er von dieser Person erwarten, und somit gegebenenfalls auch einfordern kann. Es geht nicht darum, des Kindes „bester Freund" zu werden. Vielmehr sollte das Ziel sein, dem Kind in aller Klarheit, Authentizität und mit „besten Absichten" sowie einem Beziehungsangebot zu begegnen. Wie sich der Kontakt entwickelt, ist von verschiedenen Faktoren abhängig,- ob die sognannte „Chemie" stimmt, ob das Kind sich eher Männern oder Frauen anvertrauen kann oder ob es generell aus seiner Vorgeschichte heraus in der Lage ist, Beziehungen einzugehen. Diese Tatsache sollte zunächst nachrangig sein, da das Wissen, dass da jemand ist, der mich sieht, der sich wirklich dafür interessiert, wie es mir geht und der mir verlässlich zeigt, dass er sich für mich einsetzt, in meiner empfundenen Hilflosigkeit zunächst von viel größerer Bedeutung für mich ist.

6 Fazit

Diese Arbeit verfolgte das Ziel herauszuarbeiten, inwiefern Nicht-Beteiligung von Pflegekindern am Hilfeprozess ihre Ausbildung von Resilienz negativ beeinflussen kann. Im Gegenzug stellt sich nicht so sehr die Frage nach einer gesteuerten, aktiven Förderung der Resilienz per Intervention, sondern nach der Schaffung resilienzfördernder Bedingungen für diese Kinder, um ihnen das Aufwachsen unter den oft erschwerten Umständen zu erleichtern.

Es scheint, als seien die Kinderrechte in Leitbildern und Konzeptionen der Kinder- und Jugendhilfe angekommen zu sein. Die Umsetzung des Rechts auf Beteiligung setzt jedoch eine Haltung der Fachkräfte voraus, die Kinder nicht nur als Schutzbefohlene, sondern als Expert*innen ihrer Lebenswelt sieht und sie als kompetente Partner*innen in der Hilfeplanung respektiert. Davon ist die Realität jedoch noch weit entfernt.

Wie Pomey (2017: 273) feststellt, strukturiert ein doppeltes Gefälle die Beziehung des Professionellen zum Kind: Zum einen die generationale Ordnung, zum anderen die Differenz zwischen Laien und Fachkräften. Das Kind erlebt sich in Abhängigkeit von den Sozialpädagog*innen in Bezug auf „professionelle Situationsdeutung und Einschätzung seiner Gefährdungslage und es ist angewiesen auf die Ermöglichung von Teilhabemöglichkeiten im Generellen sowie bei der Entscheidung über seine weitere Platzierung" (ebd.). Die Forschung zeigt, dass es in der professionellen Praxis an der Einnahme der Kinderperspektive fehlt. Das Kind erlebt, wie seine Person und seine Belange von Erwachsenen thematisiert werden, ohne daran beteiligt zu werden.

Es konnte dargelegt werden, dass Kinder, die in Pflegefamilien aufwachsen, einer besonders vulnerablen Gruppe zuzuordnen sind, die die spezielle Aufmerksamkeit der in der Sozialen Arbeit Forschenden und Tätigen verdient. Die Begründung liegt in ihren Vorerfahrungen, die zu ihrer Inpflegenahme geführt haben, sowie dem eigentlichen Akt der Trennung von ihrer biologischen Familie. Die Fremdplatzierung stellt, wie Sandmeir et al. (2010) konstatierten, keinen normativen Übergang dar, der zur Entwicklung von Kindern gehört, sondern ist vielmehr als kritisches Lebensereignis zu bezeichnen. Daraus ergibt sich eine besondere Herausforderung an die Bewältigungsfähigkeit des Kindes. Die Kontinuität seines Lebens wird in gravierender Weise unterbrochen. Für die Entwicklung des Kindes stellt somit nicht nur die womöglich traumatisierende Vorgeschichte einen Risikofaktor dar, sondern auch die Entwurzelung aus seinem Zuhause und sei dieses noch so schädlich für das Kind gewesen. Für das Pflegekind kommen zu den altersgemäßen Entwicklungsaufgaben zusätzliche pflegekindspezifische Entwicklungsaufgaben hinzu. Hervorzuheben ist die Aufgabe, Zufriedenheit zu erlangen, ein Pflegekind zu sein und darüber hinaus eine sichere Identität als Pflegekind auszubilden.

Die Balance von Belastung und Ressourcen spielt hierbei eine maßgebliche Rolle und ist gleichfalls für die Resilienzentwicklung und das Erlangen von Handlungskapazitäten von Relevanz. Den wissenschaftlichen Ergebnissen zufolge wirken sich zum einen personale Ressourcen, wie verbindliche Bezugspersonen, aber auch Gelegenheiten zu Beteiligung und Eigenleistung risikomindernd aus.

Den Zusammenhang zwischen Beteiligungsmöglichkeiten von Kindern und der Ausbildung von Resilienz sieht Leeson (2007) darin bewiesen, dass Kinder, die durch Schutzmaßnahmen in gewisser Weise von ihrem eigenen Leben ausgeschlossen werden, ihr Selbstvertrauen und ihre Selbstwirksamkeitsüberzeugungen verlieren können. Als Konsequenz fehlt ihnen in ihrem späteren Leben oft die Zuversicht, die richtigen Entschlüsse für ihren Lebensweg treffen zu können. Im Gegenzug berichten ehemalige Pflegekinder von einer deutlich gestärkten Fähigkeit zur Bewältigung ihrer Belastungen, wenn sie an den für ihr Leben schwerwiegenden Entscheidungen umfangreich beteiligt wurden.

Um ihrer Aufgabe der Sicherung des Kindeswohls gerecht werden zu können, müssen sich Professionelle in der Kinder- und Jugendhilfe mit der ungleichen Machtkonstellation zwischen Erwachsenen und Kindern auseinandersetzen. Das gegenseitige Vertrauen kann nur so gestärkt werden, indem es Kindern ermöglicht wird, auf Augenhöhe mit den Erwachsenen zu handeln.

Es stellt sich alsdann die Frage, warum sich die Pflegekinderdienste so schwer tun, die allgemein geforderten Beteiligungsrechte von Kindern konsequent umzusetzen. Einerseits liegt es vermutlich an einer allgemeinen Haltung der Erwachsenenwelt, die davon geprägt ist, dass Kinder immer noch unterschätzt werden. Den Sozialpädagog*innen in der Kinder- und Jugendhilfe muss zu Gute gehalten werden, dass sich zunehmend Einstellungen antreffen lassen, die dem Kind seinen Subjektstatus zubilligen. Die Problematik liegt jedoch im Strukturellen. Um Kindern und Jugendlichen von Seiten der Fachkräfte die Aufmerksamkeit zukommen zu lassen, die es bräuchte, um ihnen eine verlässliche Ressource außerhalb der Pflegefamilie zu sein, wären Zeit und Kontinuität notwendig. Angesichts der Situation in den Jugendämtern mit hohen Fallzahlen, Fachkräftemangel und häufigen Zuständigkeitswechseln (vgl. Beckmann et al. 2018) ist eine adäquate Beziehungsgestaltung mit den Schützlingen nur schwerlich zu realisieren.

Über die Bedeutung der Miteinbeziehung des Kindes in die es betreffenden Entscheidungen hinaus, ist der Aufgabe, Einzelgesprächssituationen mit dem Kind zu arrangieren, eine besondere Relevanz zuzusprechen: der Schutzauftrag der Fachkraft verlangt es, dass den verbalen und non-verbalen Äußerungen des Kindes ungeteilte Aufmerksamkeit zuteil kommt. Nur auf dieser Basis kann eine fachliche Einschätzung der Situation des Kindes erfolgen und ggfs. Gefahren rechtzeitig erkannt werden. Die bisherige mangelnde Umsetzung von Vieraugengesprächen mit den Kindern ist zudem vermutlich, abgesehen von den genannten Ursachen, im Doppelmandat der Pflegekinderdienste begründet: ihnen ist, neben dem Mandat für das Kind, daran gelegen, ein auf Vertrauen basierendes, partnerschaftliches Verhältnis zu den Pflegeeltern aufzubauen. Dieses kann durch die Forderung nach Gesprächen unter Ausschluss der Pflegeeltern gefährdet werden. Also wäre eine Bereitschaft, die Beziehung zu den Pflegepersonen einer Belastungsprobe auszusetzen, Voraussetzung für die Durchsetzung des Rechtes des Kindes, „gehört" zu werden.

Die aktuelle Realität in den Jugendämtern lässt einen verstärkten personellen Einsatz kaum zu. Diesen bräuchte es aber, um intensiver in Beziehung mit den Pflegekindern zu treten. Vorab wird für die Bereitstellung von Informationsmaterial für die Pflegekinder plädiert, welches eine Signalwirkung in Richtung aller Beteiligten haben könnte: das Kind erhält eine Form der Klarheit über seine Situation und seine Rechte; den Erwachsenen im Hilfesystem wird die Subjektstellung des Kindes vergegenwärtigt. Das Kind wird ermutigt, selbst aktiv zu werden und auf diese Weise seine Hilflosigkeit zu überwinden, so dass es eventuell irgendwann wie Pippi Langstrumpf sagen könnte: „Das habe ich noch nie vorher versucht, also bin ich völlig sicher, dass ich es schaffe."

Literaturverzeichnis

Aeppli, J./Gasser, L./Gutzwiller, E. (2016): Empirisches wissenschaftliches Arbeiten. Ein Studienbuch für die Bildungswissenschaften. Bad Heilbrunn.

Alderson (2004): Ethics. In: Fraser, S./Lewis, V./Ding, S./Kellett, M./Robinson, C. (Hg.): Doing research with children and young people. London.

Alle, F. (2010): Kindeswohlgefährdung. Das Praxishandbuch. Freiburg.

Antonovsky, A. (1997): Salutogenese. Zur Entmystifizierung der Gesundheit. Tübingen.

BAG JLÄ - Bundesarbeitsgemeinschaft Landesjugendämter (Hg.) (2015): Empfehlungen. Qualitätsmaßstäbe und Gelingensfaktoren für die Hilfeplanung gemäß Paragraph 36 SGB VIII. Erstauflage. Mainz.

Beckmann, K./Ehlting, T./Klaes, S. (2018): Berufliche Realität im Jugendamt: der ASD in strukturellen Zwängen. Berlin.

Benard, B. (2004): Resiliency. What we have learned. San Francisco.

Bergold, P./Buschner, A./Mayer-Lewis, B./Mühling, T. (Hg.) (2017): Familien mit multipler Elternschaft. Entstehungszusammenhänge, Herausforderungen und Potentiale. 1st ed. Leverkusen-Opladen.

BMFSFJ - Bundesministerium für Familie, Senioren, Frauen und Jugend (2016): Pflegefamilien als soziale Familien, ihre rechtliche Anerkennung und aktuelle Herausforderungen.
https://www.bmfsfj.de/blob/76080/882dd907f94fd183472d6cac5dbcd0ee/gutachten-pflegefamilien-beirat-data.pdf (20.11.2018).

Bowlby, J. (1969/1982): Attachment. 2. ed., [Nachdr.]. New York.

Brisch, K. H. (Hg.) (2006): Bindung und Trauma - Konsequenzen in der Arbeit für Pflegekinder. Tagungsdokumentation der 16. Jahrestagung der Stiftung zum Wohl des Pflegekindes. Idstein.

Bühler-Niederberger, D./Alberth, L./Eisentraut, S. (2014): Das Wissen vom Kind – generationale Ordnung und professionelle Logik im Kinderschutz. In: Bütow, B./Pomey, M./Rutschmann, M./Schär, C./Studer, T. (Hg.): Sozialpädagogik zwischen Staat und Familie: Alte und neue Politiken des Eingreifens. Wiesbaden: 111–131.

Cicchetti, D./Rogosch, F. A. (1997): The role of self-organization in the promotion of resilience in maltreated children. In: Development and Psychopathology, 9.

Dialogforum Pflegekinderhilfe (2015): Vorschläge zu fachlichen und rechtlichen Reformen in der Pflegekinderhilfe. https://www.dialogforum-pflegekinderhilfe.de/fileadmin/upLoads/projekte/Gesamtpapier_Forderungen_Dialogforum_05_12_2015.pdf (25.11.2018).

Diers, M. (2016): Resilienzförderung durch soziale Unterstützung von Lehrkräften. Junge Erwachsene in Risikolage erzählen. Wiesbaden.

DIMDI - Deutsches Institut für Medizinische Dokumentation und Information (2019): ICD-10-GM Version 2019. https://www.dimdi.de/dynamic/de/klassifikationen/icd/icd-10-gm/ (11.02.2019).

Dudenredaktion (o. J.a): "Adultismus". https://www.duden.de/rechtschreibung/aufklaeren (22.12.2018).

Dudenredaktion (o. J.b): "Aufklären". https://www.duden.de/rechtschreibung/aufklaeren (25.12.2018).

Erikson, E. H. (1993): Childhood and society. 3. Aufl. New York.

Eschelbach, D. (2016): Expertise zu den Forderungen nach rechtlichen Reformen. https://www.igfh.de/cms/sites/default/files/Expertise_Eschelbach_Final_1.pdf (25.12.2018).

Faltermeier, J. (2014): Herkunftsfamilien sind "Family-Partnership": Erziehungspartnerschaft als neue Denkfigur. In: Kuhls, A./Glaum, J./Schröer, W. (Hg.): Pflegekinderhilfe im Aufbruch: Aktuelle Entwicklungen und neue Herausforderungen in der Vollzeitpflege. Weinheim/Basel: 123–150.

Fend, H. (2005): Entwicklungspsychologie des Jugendalters. Ein Lehrbuch für pädagogische und psychologische Berufe. 3. Aufl. Stuttgart.

Fingerle, M. (2011): Resilienz deuten - Schlussfolgerungen für die Prävention. In: Zander, M. (Hg.): Handbuch Resilienzförderung. Wiesbaden: 208–2018.

Flores, E./Cicchetti, D./Rogosch, F. A. (2005): Predictors of resilience in maltreated and nonmaltreated Latino children. In: Developmental psychology, 41: 338–351.

Friedrich, R. I./Schmid, M. (2014): Pflegefamilie oder Heim? Wann und für wen ist ein Leben ausserhalb der eigenen Familie sinnvoll? https://www.rosenfluh.ch/media/paediatrie/2014/01/Pflegefamilien_oder_Heim.pdf (20.11.2018).

Gassmann, Y. (2010): Pflegeeltern und ihre Pflegekinder. Empirische Analysen von Entwicklungsverläufen und Ressourcen im Beziehungsgeflecht. Münster.

Gassmann, Y. (2014): Aufwachsen in einer Pflegefamilie. Gute Bedingungen für die Entwicklung von Pflegekindern. In: Kuhls, A./Glaum, J./Schröer, W. (Hg.): Pflegekinderhilfe im Aufbruch: Aktuelle Entwicklungen und neue Herausforderungen in der Vollzeitpflege. Weinheim/Basel: 92–122.

Geene, R./Höppner, C./Lehmann, F. (Hg.) (2013): Kinder stark machen: Ressourcen, Resilienz, Respekt. Ein multidisziplinäres Arbeitsbuch zur Kindergesundheit. Bad Gandersheim.

Gintzel, U. (Hg.) (1996): Erziehung in Pflegefamilien. Auf der Suche nach einer Zukunft. Münster.

Gradia, K. (2015): Kinderrechtskonvention: Die Vereinigten Staaten hinken hinterher. https://www.humanium.org/de/usa-and-crc/.

Grotberg, E. H. (2011): Anleitung zur Förderung der Resilienz von Kindern - Stärkung des Charakters. Ein Manual für die Praxis der Resilienzförderung. In: Zander, M. (Hg.): Handbuch Resilienzförderung. Wiesbaden: 51–101.

Grunert, F. (2006): Paternalismus in der politischen Theorie der deutschen Aufklärung. Das Beispiel Christian Wolff. In: Anderheiden, M. (Hg.): Paternalismus und Recht. Tübingen: 9–27.

Hardenberg, O. (2005): Konsequenzen für die Pflegeeltern Übertragung traumatischer Bindungs- und Beziehungserfahrungen in die Pflegefamilie. Anforderungen an Pflegeeltern und notwendige Unterstützung. http://www.agsp.de/html/a66.html (29.12.2018).

Havighurst, R. J. (1974): Developmental tasks and education. 3. Aufl. New York.

Helming, E. (2010): Die Pflegefamilie als Gestaltungsleistung. In: Kindler, H./Helming, E./Meysen Thomas/Jurczyk, K. (Hg.): Handbuch Pflegekinderhilfe. München: 224–259.

Helming, E./Kindler, H./Küfner, M./Sandmeir, G./Thrum, K./Blüml, H./Gabler, S. (2010): Das Projekt und das Handbuch "Pflegekinderhilfe in Deutschland". In: Kindler, H./Helming, E./Meysen Thomas/Jurczyk, K. (Hg.): Handbuch Pflegekinderhilfe. München: 15–27.

Hendrick, H. (2003): Child welfare. Historical dimensions, contemporary debates. Bristol.

Heun, H.-D. (1984): Pflegekinder im Heim. Eine Untersuchung über Anzahl, Ursachen und Auswirkungen abgebrochener Pflegeverhältnisse von Minderjährigen in hessischen Kinder- und Jugendheimen. https://www.dji.de/fileadmin/user_upload/bibs/Vergriffene_Buecher_Open_Access/Dritte_Lieferung_cd03_1/Heun%20Pflegekinder%20im%20Heim.pdf (05.12.2018).

Hübsch, F./Schäfer, M./Thole, W. (2014): Pädagogischer Alltag und biografische Werdegänge. Erziehungsstellen und pädagogische Hausgemeinschaften im Blick. Wiesbaden.

Junker, R. (Hg.) (1978): Pflegekinder in der Bundesrepublik Deutschland. Frankfurt/Main.

Kindler, H./Helming, E./Meysen Thomas/Jurczyk, K. (Hg.) (2010a): Handbuch Pflegekinderhilfe. München.

Kindler, H./Scheuerer-Englisch, D./Gabler, S./Köckeritz, C. (2010b): Pflegekinder: Situation, Bindungen, Bedürfnisse und Entwicklungsverläufe. In: Kindler, H./Helming, E./Meysen Thomas/Jurczyk, K. (Hg.): Handbuch Pflegekinderhilfe. München: 127–223.

Köhler, A./Kröper, E./Gehres, W. (2017): Die Gestaltung geteilter Elternschaft in Pflegefamilien, deren fachliche Begleitung und die Rückkehr von Pflegekindern. In: Bergold, P./Buschner, A./Mayer-Lewis, B./Mühling, T. (Hg.): Familien mit multipler Elternschaft: Entstehungszusammenhänge, Herausforderungen und Potentiale. Leverkusen-Opladen: 57–83.

Kokott-Weidenfeld, G./Reidel, A.-I. (2013): Rechtsgrundlagen für soziale Berufe. Schwalbach / Ts.

Kompetenzzentrum Pflegekinder - Service für Fachdienste (2018): Projektstart ICH MISCHE MIT! Eine Praxisforschung zur Mitbestimmung und Beteiligung von Kindern und Jugendlichen in Pflegefamilien. https://www.kompetenzzentrum-pflegekinder.de/projekte/projekt-ich-mische-mit-eine-praxisforschung-zur-mitbestimmung-und-beteiligung-von-kindern-und-jugendlichen-in-pflegefamilien/ (11.02.2019).

König, R. (1974): Die Familie der Gegenwart. Ein interkultureller Vergleich. München.

Korczak, J. (1967/2018): Wie man ein Kind lieben soll. Herausgegeben und mit einer aktuellen Einführung versehen von Sabine Andresen. 17., [überarb.] Aufl. Göttingen.

Kötter, S./Cierpka, M. (1997): Besuchskontakte in Pflegefamilien. Eine empirische Untersuchung zur Dynamik im Beziehungsdreieck "Pflegeeltern - Pflegekind - Herkunftseltern. In: System Familie: 75–80.

Krappmann, L. (2013): Das Kindeswohl im Spiegel der UN-Kinderrechtskonvention. In: EthikjJournal, 1.

Küfner, M./Schönecker, L. (2010): Rechtliche Grundlagen der Vollzeitpflege. In: Kindler, H./Helming, E./Meysen Thomas/Jurczyk, K. (Hg.): Handbuch Pflegekinderhilfe. München: 48–99.

Kuhls, A./Glaum, J./Schröer, W. (Hg.) (2014): Pflegekinderhilfe im Aufbruch. Aktuelle Entwicklungen und neue Herausforderungen in der Vollzeitpflege. Weinheim/Basel.

Künstler, S. (2015): Die „Kinder der Anderen". Eine diskursanalytische Perspektive auf die Erzeugung vulnerabler Subjektpositionen. In: Andresen, S./Koch, C./König, J. (Hg.): Vulnerable Kinder: Interdisziplinäre Annäherungen. Wiesbaden: 173–190.

Landkreis Limburg-Weilburg (2014): Konzeption für das Pflegekinderwesen. https://www.landkreis-limburg-weilburg.de/fileadmin/_migrated/content_uploads/Konzeption_fuer_das_Pflegekinderwesen.pdf (27.11.2018).

Lansdown, G. (2005): Can you hear me? The right of young children to participate in decisions affecting them. Working Paper 36.

Leeson, C. (2007): My Life in Care: Experiences of Non-participation in Decision-making Processes. In: Child and Family Social Work: 228–277.

Liebel, M. (2017): Ist Paternalismus gegenüber Kindern unvermeidbar? Plädoyer für eine antipaternalistische Kinderrechtspraxis. In: Neue Praxis. Zeitschrift für Sozialarbeit, Sozialpädagogik und Sozialpolitik: 384–398.

Lösel, F./Bender, D. (2008): Von generellen Schutzfaktoren zu spezifischen protektiven Prozessen: Konzeptuelle Grundlagen und Ergebnisse der Resilienzforschung. In: Opp, G./Bender, D. (Hg.): Was Kinder stärkt: Erziehung zwischen Risiko und Resilienz. München [u.a.]: 57–78.

LVR-Landesjugendamt (2011): Dokumentation Leuchtturm-Projekt. Pflegekinderdienst. https://www.uni-siegen.de/pflegekinder-forschung/research/files/leuchtturmprojekte.pdf (19.11.2018).

Mey, G. (2013): Perspektiven einer ressourcenorientierten Entwicklungspsychologie. In: Geene, R./Höppner, C./Lehmann, F. (Hg.): Kinder stark machen: Ressourcen, Resilienz, Respekt: Ein multidisziplinäres Arbeitsbuch zur Kindergesundheit. Bad Gandersheim: 165–203.

Ministerium für Soziales, Frauen, Familie und Gesundheit des Landes Niedersachsen (2008): Weiterentwicklung der Vollzeitpflege. Anregungen und Empfehlungen für die Niedersächsischen Jugendämter. http://www.agjae.de/pics/medien/1_1236617796/NDS-Handbuch-PKD_formatiert_fuer_einseitigen_Druck.pdf (22.12.2018).

Münstermann, K. (2013): Kindeswohl und Pflegefamilie. Der doppelte Schutzauftrag. Ibbenbüren.

ND YOUth Leadership Board (2016): North Dakota Foster Care Handbook for Youth. http://www.nd.gov/dhs/info/pubs/docs/cfs/foster-youth-handbook.pdf (19.11.2018).

Nienstedt, M./Westermann, A. (2013): Pflegekinder und ihre Entwicklungschancen nach frühen traumatischen Erfahrungen. 4., [überarb.] Aufl. Stuttgart.

Nowacki, K./Remiorz, S. (2018): Bindung bei Pflegekindern. Bedeutung Entwicklung und Förderung. Stuttgart.

Petermann, F./Niebank, K./Scheithauer, H. (2004): Entwicklungswissenschaft. Entwicklungspsychologie - Genetik - Neuropsychologie. Berlin [u.a.].

PFAD (2018): Beschreibung. http://www.pfad-bv.de/index.php?option=com_content&task=view&id=53&Itemid=55 (22.12.2018).

Pomey, M. (2017): Vulnerabilität und Fremdunterbringung. Eine Studie zur Entscheidungspraxis bei Kindeswohlgefährdung. Weinheim/Basel.

Reimer, D. (2008): Pflegekinder in verschiedenen Familienkulturen. Belastungen und Entwicklungschancen im Übergang. https://dokumentix.ub.uni-siegen.de/opus/volltexte/2016/1001/pdf/Daniela_Reimer_Pflegekinder_in_verschiedenen_Familienkulturen.pdf (29.11.2018).

Reimer, D. (2017): Normalitätskonstruktionen in Biografien ehemaliger Pflegekinder. Weinheim/Basel.

Reimer, D./Petri, C. (2017): Wie gut entwickeln sich Pflegekinder? Eine Longitudinalstudie. Siegen.

Reimer, D./Wolf, K. (2010): Beteiligung von Pflegekindern. In: Kindler, H./Helming, E./Meysen Thomas/Jurczyk, K. (Hg.): Handbuch Pflegekinderhilfe. München: 506–520.

Rogers, C. R. (1991): Eine Theorie der Psychotherapie, der Persönlichkeit und der zwischenmenschlichen Beziehungen. Köln.

Rutter, M. (1990): Psychosocial resilience and protective mechanisms. In: Rolf, J./Masten, A. S./Cicchetti, D./Nuchterlein, K. H./Weintraub, S. (Hg.): Risk and protective factors in the development of psychopathology. Cambridge: 181–214.

Sandmeir, G./Scheuerer-Englisch, D./Reimer, K. W. (2010): Begleitung von Pflegekindern. In: Kindler, H./Helming, E./Meysen Thomas/Jurczyk, K. (Hg.): Handbuch Pflegekinderhilfe. München: 448–506.

Scheiwe, K./Schuler-Harms, M./Walper, S./Fegert, J. M. (2016): Pflegefamilien als soziale Familien, ihre rechtliche Anerkennung und aktuelle Herausforderungen.
https://www.bmfsfj.de/blob/76080/882dd907f94fd183472d6cac5dbcd0ee/gutachten-pflegefamilien-beirat-data.pdf (19.11.2018).

Schickhardt, C. (2012): Kinderethik. Der moralische Status und die Rechte der Kinder. Münster.

Schleiffer, R. (2015): Fremdplatzierung und Bindungstheorie. Weinheim/Basel.

Schmid, M./Pérez, T./Schröder/Gassmann, Y. (2017): Möglichkeiten der traumasensiblen/ - pädagogischen Unterstützung von Pflegefamilien. In: Gahleitner, S. B./Hensel, T./Baierl, M./Kühn, M./Schmid, M. (Hg.): Traumapädagogik in psychosozialen Handlungsfeldern: Ein Handbuch für Jugendhilfe, Schule und Klinik. Göttingen: 118–132.

Schmidtchen, S. (1989): Kinderpsychotherapie. Grundlagen, Ziele, Methoden. Stuttgart [u.a.].

Schruth, P. (2012): Ombuds- und Beschwerdestellen als Chance für Kinderrechte. In: Penka, S./Fehrenbacher, R. (Hg.): Kinderrechte umgesetzt: Grundlagen Reflexion und Praxis. Freiburg im Breisgau: 81–90.

Stadt Mainz - PKD (2014): Inhalte des Eignungsberichts für Pflegeeltern. https://www.mainz.de/vv/medien/2014-03-18_Konzeption_PKD_Anlage-3.pdf (13.12.2018).

Statistisches Bundesamt (Destatis) (2018): Kinder- und Jugendhilfe - Hilfe zur Erziehung außerhalb des Elternhauses. https://www.destatis.de/DE/ZahlenFakten/GesellschaftStaat/Soziales/Sozialleistungen/KinderJugendhilfe/Tabellen/HilfenErziehungAusElternhaus.html (26.11.2018).

Steinebach, C./Gharabaghi, K. (Hg.) (2013): Resilienzförderung im Jugendalter. Praxis und Perspektiven. Berlin/Heidelberg.

Streeck-Fischer, A. (2014): Trauma und Entwicklung. Adoleszenz – frühe Traumatisierungen und ihre Folgen. Stuttgart.

Strobel, B./Liel, C./Kindler, H. (2008): Validierung und Evaluierung des Kinderschutzbogens. Ergebnisbericht. https://www.dji.de/fileadmin/user_upload/bibs/Evaluation_Kinderschutzbogen.pdf (22.12.2018).

Thrum, K. (2007): Ergebnisse der Pflegekinder-Fallerhebung des DJI. Arbeitspapier. München.

UN News (2015): UN lauds Somalia as country ratifies landmark children's rights treaty. https://news.un.org/en/story/2015/01/488692-un-lauds-somalia-country-ratifies-landmark-childrens-rights-treaty (10.02.2019).

van Santen, E. (2017): Determinanten der Abbrüche von Pflegeverhältnissen. Ergebnisse auf der Basis der Einzeldaten der Kinder-und Jugendhilfestatistik. In: Neue Praxis. Zeitschrift für Sozialarbeit, Sozialpädagogik und Sozialpolitik, 47: 99–123.

Wieland, N. (2011): Resilienz und Resilienzförderung - eine begriffliche Systematisierung. In: Zander, M. (Hg.): Handbuch Resilienzförderung. Wiesbaden: 180–207.

Wolf, K. (2014): Sind Pflegefamilien Familien oder Organisationen? In: Kuhls, A./Glaum, J./Schröer, W. (Hg.): Pflegekinderhilfe im Aufbruch: Aktuelle Entwicklungen und neue Herausforderungen in der Vollzeitpflege. Weinheim/Basel: 74–91.

Wustmann, C. (2004): Resilienz. Widerstandsfähigkeit von Kindern in Tageseinrichtungen fördern. Weinheim/Basel.

Ziegenhain, U./Fegert, J. M. (2011): Frühkindliche Bindungsstörungen. In: Fegert, J. M./Eggers, C./Resch, F. (Hg.): Psychiatrie und Psychotherapie des Kindes- und Jugendalters. Berlin/Heidelberg: 937–948.

Abkürzungsverzeichnis

ASD	Allgemeiner Sozialer Dienst
BAG	Bundesarbeitsgemeinschaft
BGB	Bürgerliches Gesetzbuch
BMFSFJ	Bundesministerium für Familie, Senioren, Frauen und Jugend
CRC	Convention of the Rights of the Child
DIMDI	Deutsches Institut für Medizinische Dokumentation und Information
GG	Grundgesetz
gGmbH	gemeinnützige Gesellschaft mit beschränkter Haftung
GM	German Modification
ICD	International Classification of Deseases
IGFH	Internationale Gesellschaft für erzieherische Hilfen
IRP	Internationales Resilienzprojekt
i. V. m.	In Verbindung mit
JWG	Jugendwohlfahrt
LJÄ	Landesjugendämter
LVR	Landschaftsverband Rheinland
KJHG	Kinder- und Jugendhilfegesetz
ND	North Dakota
PFAD	Bundesverband der Pflege- und Adoptivfamilien e. V.
PKD	Pflegekinderdienst
SGB	Sozialgesetzbuch
UN	United Nations
WHO	World Health Organisation